語形から意味へ

機能中心主義へのアンチテーゼ

三枝令子

くろしお出版

目　次

はじめに　本書の基本的な考え方と構成 ix

第 1 部　語形の持つ陳述性　1

第 1 章　活用形の陳述性 3
1　陳述とモダリティ 3
2　活用形の陳述性 12
　2.1　連用形の陳述性 14
　2.2　言いきり形の陳述性 16
　2.3　動詞言いきり形の二つの形―叙述形と概念形― 20
　2.4　形容詞言いきり形の二つの形―叙述形と概念形― 29
3　まとめ 30

第 2 部　語形から機能を知る　33

第 2 章　「ので」「のに」「だけで」「だけに」の分析 35
1　「ので」「のに」「だけで」「だけに」の語構成 35
2　「で」の意味と機能 37
3　「に」の意味と機能 37
4　「の」「だけ」の意味と機能 39
5　「ので」「のに」「だけで」「だけに」 44
　5.1　前件と後件の構文的条件 44
　5.2　「ので」「のに」「だけで」「だけに」の意味 47
6　「だけあって」の意味と用法 55
7　まとめ 57

[iii]

第3部　語形の体系性―「って」の分析― 59

第3章　「って」の構文的位置づけ
　　　―「と」による引用と「って」による引用の違い― 61
　1　「って」の多様な用法 61
　2　「と」の用法と意味 64
　3　「って」の基本的な性格 72
　　3.1　「って」が連用形の形をとっていること 72
　　3.2　「って」に促音が含まれていること 74
　4　「って」の用法 75
　　4.1　「って」に動詞が接続する用法 75
　　4.2　「って」の副詞的用法 78
　　4.3　「って」の連体的用法 79
　　4.4　「って」の提題的用法 82
　　4.5　「って」の文末用法 84
　5　まとめ 87

第4章　「だって」「たって」の本義とその用法の広がり 89
　1　従来の扱い 89
　2　「だって」「たって」の起源 90
　3　引用の「だって」「たって」 93
　4　逆接の「だって」「たって」 95
　　4.1　逆接の「だって」「たって」 95
　　4.2　「だって」「たって」と「でも」「ても」 97
　5　接続詞の「だって」 103
　6　終助詞の「だって」 107
　7　まとめ 108

第 5 章　提題の「って」「ってば」「ったら」... 109
　　1　引用と提題 109
　　2　提題「って」の周辺 112
　　　　2.1　「って」と「は」「というのは」... 112
　　　　2.2　「って」と「なら」.. 113
　　3　提題の「って」「ってば」「ったら」... 115
　　4　「って」「ってば」「ったら」の用法─定義と評価─................. 116
　　5　終助詞的な働きをする「って」「ってば」「ったら」............. 120
　　6　まとめ 122

第 6 章　「って」の体系 123
　　1　「って」の語義 123
　　2　森重敏による「って」の分析 124
　　3　「って」の範囲 125
　　4　「引用」の「って」「だって」... 126
　　　　4.1　引用 127
　　　　4.2　反復 128
　　　　4.3　話題の引き込み 129
　　　　4.4　伝聞 130
　　　　4.5　言いつけ 132
　　　　4.6　疑い 133
　　　　4.7　訴えかけ 134
　　5　逆接の「って」「だって」... 136
　　　　5.1　逆接 136
　　　　5.2　反発 137
　　　　5.3　正当化 139
　　6　「って」の分化と体系 139

第4部 語形の持つ機能の連続性　145

第7章 話し言葉における「が」「けど」類の用法 ... 147
- 1 はじめに ... 147
- 2 話し言葉におけるデータの分析 ... 148
  - 2.1 全体の使用頻度 ... 149
  - 2.2 発話内の位置による使用頻度 ... 149
  - 2.3 男女別の使用頻度 ... 150
  - 2.4 丁寧化百分率とスピーチレベルシフト ... 151
  - 2.5 形容詞への接続 ... 158
  - 2.6 「のだ」への接続 ... 160
  - 2.7 述語の種類 ... 162
  - 2.8 終助詞との共起 ... 165
- 3 「が」「けど」類の意味と用法 ... 166
  - 3.1 「けど」節類の基本的意味 ... 166
  - 3.2 「が」「けど」節類の機能 ... 168
- 4 まとめ ... 172

第8章 「だ」が使われる時 ... 175
- 1 はじめに ... 175
- 2 「だ」の活用と働き ... 177
- 3 「だ」のモダリティ性 ... 178
  - 3.1 文末 ... 179
  - 3.2 文中 ... 188
  - 3.3 文頭 ... 193
- 4 「だ」と「である」の使い分け ... 194
- 5 まとめ ... 195

第 5 部　品詞の間の連続性　197

第 9 章　品詞のさまざまなふるまい 199
1　品詞の転成 199
2　名詞の形容詞的ふるまい 200
3　名詞の副詞的ふるまい 204
　3.1　独立副詞用法の性格 205
4　動詞の名詞的ふるまい 210
5　形容詞の名詞的ふるまい 214
6　ふるまいの異なる同義語 217
　6.1　形容動詞の扱い 217
　6.2　「Xの」と「Xな」 219
　6.3　「Xい」と「Xな」 220

おわりに 233
あとがき 241
用例出典・参考文献 243

はじめに
本書の基本的な考え方と構成

　語とは何かという問は重い。辞書を作るためには，語のとりだしが必要だが，どうとりだすかという問題はそのまま，その言語の文法をどう考えるかという問題につながっている。日本語は分かち書きをしないから，普段，人は語の切りだしに頭を悩ませないが，日本語をローマ字書きしようとすれば，語をどのように分けて書くかは大きな問題である。単語で区切るのが自然だが，その単語の区切りが判然としない。たとえば，接辞を独立した語として分けるのか，活用形はどこまでひとまとまりと考えるのか，といった点で迷うことになる。ここでは，語とは，自立語，付属語を問わず，意味を持った最小の音形と考える。この場合，接辞と助詞を語とすべきか否かが問題になる。時枝誠記 (1950) は接尾語「私たち」や接頭語「お写真」を「或る観念を表現し，かつ語形変化をしないもの」(同61) として体言と呼んでいる。しかし，「単独に用いられることはなく，常に他の語に添加され，これと一続きに発音されて一つの単語の構成にあずかっている」(『国語学大辞典』1980: 551) ことから一般には接辞を語とは認めていない。ローマ字書きする時には，「お父さん」は「o tô san」とは書かないわけで，本書でも接辞を語とは呼ばないが，「前社長」と「前者」の「前」の違いにも示されているように，接辞と語とは連続的である。もう一つの，助詞については，接辞を語としない基準から言えば助詞も語とは呼べない。実際，鈴木重幸 (1972) は，助詞を名詞につく「格のくっつき」(同201) として扱っている。鈴木はくっつきのついた形，たとえば「ぼくを」「家から」を名詞の文法的な形としている。しかし，一般には助詞という品詞をたて，助詞を語と認めている。小泉保 (1978) はその基準として，「分離性」と「交換性」をあげて

いる。「分離性」とは、「山からが」のように「山」と「が」の間に他の語を挟むことができることをいい、「交換性」とは「山からだ」「山だから」のように二つの形式が位置をとりかえて現れることをいう。助詞がこうした自由形式を持つことから、小泉は助詞に語としての独立性を認めている。語は置かれる文脈によって異なる性格を示すので、語の認定は画然としたものにはなりえないが、本書では、文法を考えるにあたって、最小の音形である語を出発点にする。

　筆者は、言語の伝達面を重視する機能的な言語観を否定するものではない。言葉が文脈の中でどのように機能しているかを考えずに、言葉の意味はとらえられない。言葉の意味と機能とは不可分である。しかし、1970年代に始まったコミュニカティブ・アプローチは、言語学習・教育はコミュニケーション能力の獲得を目指すというそれ自体は妥当な目的の中で、言語形式の正確さより伝達することを優先する面がある。もちろん文法項目を暗記しただけでは言葉が使えるようにならないのは、言葉は場面の中ではじめて意味を持つということであり、その場面への洞察が不可欠だからである。しかし、言葉の機能を並べあげて片端から学んでいくだけでは、その語を構成要素とするほかの語との関連性がつかみにくく、汎用性に欠ける。日本語を機能的に理解するためにも、語形とその構造の理解は不可欠である。言葉の意味がわからない時、あるいは、言葉の意味を人に説明しようとする時、我々は、自然、それがどういう語から成りたっているのかを考える。また、語源は何かということを考える。語源を調べる時に、語形を無視することはできない。実際の用法の説明も有効であり必要だが、それだけではわかった気がしないことが多い。その語を構成している論理関係がとらえられてはじめて、腑に落ちると言ったらいいだろうか。

　Halliday, M.A.Kの機能文法は、言語をコミュニケーション達成の道具とみており、構造主義の言語観から一歩踏み出している。しかし、Halliday (1985) は文法の側面をないがしろにしたわけではない。一方で、平叙文の文法的な選択体系においては直説法、命令法、疑問法があること、そこでの主語と定動詞の位置にルールがあることを述べるとともに、他方で、命令法

や疑問法においては品物/行為の交換（この場合は「提供」か「命令」），あるいは情報を交換する（この場合は「叙述」か「質問」）という意味的な交換選択体系があることを述べている。小泉（2000）は，「選択体系」における選択は機能側に属し，体系自体は形式側に属するとして，Hallidayにおける機能と形式の相互依存性を指摘している。

　相互作用ということで言えば，奥田靖雄（1985）は，「単語は語彙的なものと文法的なものとの有機的な統一物である。」（同27）と述べて，語彙的なものと文法的なものとの相互作用を指摘した。奥田はさらに単語の意味するところについて，「《形式》というものは，ものの存在のし方であるし，あるものの内容がほかのものとむすびつく，そのし方にほかならないのである。」（同36）として，形式の持つ重要性を指摘している。

　本書の基本的な考え方は，語形を出発点にして言葉の意味，機能を考えようとするところにある。言葉について考える時，語形をよりどころに考えを進めていくことは自然で無理がない。言語形式からすべてが説明できるものではないが，できるだけ語形に即してその意味を考えようとすれば，語の成りたちにも必然的に目を向けざるをえなくなる。また，同じ語形であっても異なる機能を持つために別の語として扱われているものについて，本当にそうなのか一度は疑ってかかることになる。こうしたプロセスの中で，語形の共通性から意味の連続性，時には体系性が見えてくると考える。

　本書の具体的な構成は次のようになっている。
　第1部では，陳述観についての文法諸家の論考を振りかえりつつ，活用形が持つ陳述性について考える。かつて「陳述」は，文法上の重要な概念として「陳述論争」と呼ばれるものがあったほど活発に議論された。それは，文が成立するのは何ゆえかという問題意識から出発したと考えられるが，今現在は，陳述よりモダリティという言葉がよく使われている。これは，機能的な文法観，言語教育観が広まるのと歩調を合わせた変化とも受けとれ，必然的な発展の推移ということができる。ただ，そうした中で，一つ一つの語が持っている力が過小評価されているように感じられる。たとえば現代語で

は，動詞の連体形と終止形は同形のため，連体，終止という名称は，位置による区別しか表さない。しかし，実際には位置の違いだけでなく，陳述性の違いがある。本書では，その陳述性の高低の識別を概念形と叙述形という用語によって行う。そうすることによって，たとえば同形の「の」が同じ動詞を受けていても，そこに違いの生じることが説明できると考える。

　第2部では，形態論においてだけでなく，統語論においても形式の持つ意味が重要であることを述べる。具体的には「の」「だけ」「に」「で」という形を同じくする表現である，「ので」「のに」「だけで」「だけに」の分析を行う。語の意味は用法を通して説明することが多いが，用法の記述は分類を細かくすることになりがちで，かえって語の本質を理解する妨げになることもある。まずは語の形からそれぞれの語の中心的な意味と機能を考え，同一語形のものは，もともとは同じ意味を持ち，文の中での用いられ方によって異なる機能を担うと考えて分析を行う。

　第3部では，同一語形の体系性を扱う。引用の意味を持つ「って」は，引用の「と」と似たふるまいをする。しかし，「と」が，引用だけでなく格助詞，副詞，接続助詞とさまざまに用いられるのに対して，「って」には連体的用法，提題的用法，終助詞的用法があるが，その基本的性格は引用にある。そのことを第3章で観察する。第4章では「って」を構成要素に持つ「だって」「たって」についてその用法を考える。ここでは，引用にとどまらず，逆接の「だって」「たって」，接続詞の「だって」を同形のものとしてとりあげ，その共通点と違いを考える。第5章では「って」の変化形である「ってば」「ったら」を観察し，「ってば」「ったら」が引用の条件形にとどまらず提題の働きをすることを述べ，提題の「は」「なら」との違いを考える。第3部終わりの第6章では，「って」の用法を整理した上で，「って」が全体として一つの体系をなしていることを述べる。

　第4部では，同一語形の品詞を超えた連続性を扱う。同じ語が構文によってその文法的性格を変えていくことがある。ここでは第7章で「が」「けど」，第8章で「だ」をとりあげて，それらが持つさまざまな用法を，語形の持つ基本的性格によって統一的に説明することを試みる。

第5部では，品詞の問題について考える。語は，その語形の持つ文法的性質によって品詞分けされる。品詞分けによって語形が確定された単語と構文が文を作る基本単位になるが，単語は，同じ形を保ったまま，品詞の枠を飛びだすことがある。たとえば，動詞は述語として働くが，「行くにちがいない」のように格助詞を付加することによって，＜すること＞という名詞性を示す。このように動作性をもった単語を抽象化，すなわち名詞化することによって，話し手が日本語の表現の幅を広げることがある。もとの品詞が認定できるのは，その単語が持つ形によっているが，形が同じでも構文によって新たな性質が現れる。それは，一つの単語がもともと潜在的にそうなる性質を持っていたと考えられる。第5部では，こうした品詞の間の連続性について述べる。すなわち第2部から第4部までは，特定の語をとりあげてその語形の持つ連続性に注目するが，第5部では，品詞という枠組みに立って，品詞が持つ意味，そこから逸脱した語の意味と用法を考えてみる。

第1部　語形の持つ陳述性

　第1部第1章では，語形が持つ陳述性について考える。文法において，陳述は，「文を完結させる営み」を意味し，文の基本として重要な意味を持っている。しかし，その内容，解釈は人によって，また，その時々の文法論の趨勢によって変化している。今日の日本語の文法論では，モダリティを話し手の判断や伝達態度を表すものと考え，文末の表現がとりあげられることが多い。本章では，日本語文法論における「陳述」についての記述を振りかえり，用言の活用形自体にも陳述性の違いがあることを述べる。

第1章

活用形の陳述性

1　陳述とモダリティ

　陳述という用語を最初に用いたと言われる山田孝雄（1908）は，「用言の最も大切な特徴はその陳述の作用をあらはすといふ點にあるのである。この作用は人間の思想の統一作用で，主位に立つ概念と賓位に立つ概念との異同を明にして之を結びつける力をさすのである。」（同 44-45）と，用言が陳述の働きをすることを述べている。山田における「陳述」は，概念的な規定にとどまっているように思われるが，次の時枝（1950）では，入子型構造という具体的な構文の構造が示される。

　時枝（1950）は，構文は，詞（客観的なもの：名詞，動詞，形容詞，副詞）と辞（主観的なもの：助詞，助動詞）からなると規定し，「詞は，思想内容を概念的，客體的に表現したものであることによつて，それは，言語主體即ち話手に對立する客體界を表現し，辭は，專ら話手それ自體即ち言語主體の種々な立場を表現するのである。」「客體的な表現，詞が，主體的表現，辭によつて包まれ，また統一されるといふ関係」（同 204-205）が日本語の基本的な構造であるとする。「梅の花が咲いた」を次のように図解したものが入子型構造（同 213）と呼ばれる。

　そして，動詞の終止形など，辞が形態的に分析できない場合は，「零記号」として現れると考える。たとえば，「あぶない。」と叫んだ場合，「表面上は一語でありながら，零記號の陳述が伴ってゐるもの」（同 199）と考えるので，辞の中で用言に伴って文末に現れるものが陳述であると考えていることになる。

　阪倉篤義（1974）は，時枝の詞と辞の考えを踏襲しつつ，以下に見るように，動詞の活用にも陳述を認めている。

> 「書く」という形には，そこで言い切るという話し手の気持ち，「書け」には，命令しつつ言い切る気持ち，「書き」には，そこでちょっと止める気持ち，が付け加えられて表現されている。すなわち，それぞれの活用形というものには，概念化して表していることがらのほかに，それに対する，話し手の立場からの判断や情意，すなわち陳述が，同時に表現されていると考えないわけにはいかない。　　　　　　　　　　（同 163）

　芳賀綏（1954）は，「文を統括し・完結するいとなみたる"陳述"」に二種を認める。すなわち，「文を完結させるいとなみ」と「言語者めあてのはたらきかけ」で，それぞれについて次のように規定している。

「1」　第一種の陳述は，それに先行して客體的に表現された（但し，感動詞一語文の場合に限り客體的表現を欠く）事柄の内容についての，話手の態度［断定・推量・疑い・決意・感動・詠嘆……など］の言い定めである。《述定的陳述》或は《述定》

「2」　第二種の陳述は，事柄の内容や，話手の態度を，聞き手（時には話手自身）に向かってもちかけ，傳達する言語表示である。すなわち，［告知・反應を求める・誘い・命令・呼びかけ・応答……など］　《傳達

的陳述≫或は≪傳達≫　　　　　　　（芳賀 1954=1978: 298–299）

上のそれぞれに，たとえば次のような例があげられている。
第一種の文　　　雨が降る。……断定による統括
　（言い定め）　雨が降るだろうなあ。……推量＋感動
第二種の文　　　行け。……命令
　（伝達）　　　乾杯！……誘いもしくは命令
　第一種の文には，次のように第二種の陳述が累加できる。
　　　　　　　　雨が降るよ。……断定＋告知
　　　　　　　　雨が降るわよ。……断定＋感動＋告知
　　　　　　　　雨が降るだろうね。……推量＋もちかけ（＝念を押す）

ここでは命令形だけだが活用形を陳述に含めている。
　渡辺実（1971）は，「陳述とは，統叙によってととのえられた叙述内容，または無統叙の素材的要素に対して，言語主体が，その素材，あるいは対象・聞手と自分自身との間に，何らかの関係を構成する関係構成的職能である。」（同 106–107）と述べ，品詞で言えば，用言・助動詞の終止形と終助詞とを別次元のものとして区別する。そして，「述語によって叙述のいとなみは完結するのだが，それは言語者めあての陳述のいとなみの為の素材を描きあげるに止る。叙述の詞的素材性を終助詞が支配して陳述はいとなまれ，始めてここで文が完結する。」（1953=1978: 282）と，終助詞に陳述の働きを認めている。
　寺村秀夫（1978）は，態，アスペクト，テンスの後ろに付け加えることのできる補助形式として「だろう」「らしい」「ようだ」「そうだ」「のだ」等をあげ，「これらの形式の共通の意味的特徴は，それが客観的な事実に対応する表現形式でなくて，外界の「こと」を素材として，話し手が断定したり推定したり，あるいはそのような判断をさらに正当化したりする主観的な態度を表すという点である。一般言語学で普通「ムード」と呼ぶものにほぼ該当するといってよいだろう。」（同 97）と述べて，「心的態度」を「ムード」と定義し，以降のモダリティという用語の使用に舵を切る。のちの寺村

(1984: 12)では,「現実のいろいろな場で,話し手が,コトを相手の前にもち出すもち出し方,態度を表す部分」を「ムード」と呼ぶことは変わらないが,活用を「唯一の必須的ムード」とし,活用形にもムードを認めている。そして活用形の表すムードを以下のように分類している。

　　確言形 ⎫
　　概言形 ⎬ 言いきりのムード
　　命令形 ⎭
　　条件形……　あとの文と関係づけるムード
　　保留形……　あとの文(主節)がムードを表すまで態度を保留するムード
（同 58）

　寺村は,これらを一次的ムードと呼び,このほかに助動詞,終助詞をそれぞれ二次的,三次的ムードとして区別した。寺村は,ムードを活用形とそれに接続する表現の双方に見ていることになる。また,活用形がムードを担っていると言えるかどうか判断が難しい場合もあることや陳述度の強弱という概念によって陳述性に段階的な差があることを指摘している。寺村は,陳述度はその強弱が問題になり,ムードはその種類が問題になるとして両者を分けている。寺村の主張した「ムード観」はそれ以降積極的に文法論にとりいれられていく。
　こうして幾人かの文法家の陳述観を見てみるだけでも,以下のように異なるところがあるのがわかる。

　①用言に陳述を認める立場：山田
　②用言に接続する表現に陳述を認める立場：時枝,渡辺
　③用言と用言に接続する表現の双方に陳述を認める立場：阪倉,寺村

何が文を文として成り立たせているのかというのが陳述の出発点だったと考えられるが,寺村以降,しだいに陳述論はモダリティ論として展開していく

ようになり，陳述という用語は以前ほど使われなくなる。尾上圭介（1990）は，陳述論的文法論についてその誕生から終わりまでを概観し，「文が文として存立するためにはどのような要素がどのように組み上げられる必要があるのかという唯一の観点から文の構造の全体的把握を目指したところに，陳述論の工夫と栄光がある」（1990=2001：295）と述べている。

三上章は，西洋の言語学も視野に入れつつ独自の陳述観を展開し，先の分類で言えば③にあたるが，三上については，のちに詳しくとりあげる。

仁田義雄（1989）は，「モダリティとは，現実との関わりにおける，発話時の話し手の立場からした，言表事態に対する把握のし方，および，それらについての話し手の発話・伝達的態度のあり方の表し分けに関する文法的表現」（同2）であると述べ，次のような文をあげている。言表事態めあてのモダリティは，発話・伝達的態度のモダリティに包み込まれるという関係にある。

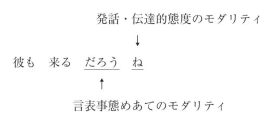

仁田においては活用形自体が持つモダリティは，叙述内容ということで問題にされておらず，それに後続する表現をモダリティと見ている。

日本語記述文法研究会編（2003）では，モダリティとは「その文の内容に対する話し手の判断，発話状況やほかの文との関係，聞き手に対する伝え方といった文の述べ方を担う」（同1）と定義し，以下のように分類している。

・文の伝達的な表し分けを表すもの：叙述のモダリティ，疑問のモダリティ，意志のモダリティ（「今日はもう寝よう」），勧誘のモダリティ（「いっしょに帰ろう」），行為要求のモダリティ（「掃除しろ」）

・命題が表す事態のとらえ方を表すもの：評価のモダリティ（「ていい」「べきだ」）と認識のモダリティ（「はずだ」「ようだ」）
・文と先行文脈との関係づけを表すもの：説明のモダリティ（「のだ」「わけだ」「ものだ」）
・聞き手に対する伝え方を表すもの：丁寧さのモダリティ（「買った」「買いました」）と伝達態度のモダリティ（「誰かいる<u>よ</u>。」「今日は疲れた<u>なあ</u>。」）

ここでは，活用形，助動詞，終助詞すべてがモダリティに含まれている。「陳述」は，文がどのように成りたつものかという観点から出発していたのに対して，「モダリティ」は，その枠組みを広げ，話し手の意図，伝え方に焦点を移していると言える。本書では活用形が持つ陳述性について述べる時に「（活用形の持つ）陳述性」という用語を用い，文の述べ方に関わる陳述性については「モダリティ」という用語を用いることにする。

　ここで，もともとのモダリティの言語学的な定義を見ておきたい。『現代言語学事典』(1988: 395) には，モダリティに関して次のように記述されている。

法（mood）
　　直説法　　indicative　　　I visited Athens.
　　仮定法　　subjunctive　　 If I could visit Athens, …
　　命令法　　imperative　　　Visit Athens.
法性（modality）：法（mood）の特性。「法性は文法および意味のレベルで認められ，いわば統語論的＝意味論的 (syntactico-semantic) 概念であり，何を法性とするかについては諸説がある。」

すなわち，「ムード」とは，直説法，仮定法，命令法という文の述べ方の違いを指している。
　Lyons, J. (1995: 327) は，modality, modal, mood という語源的には関連す

る語について，言語学者と論理学者との間で異なる解釈がなされ混乱が生じていることを指摘した上で，Lyons 自身は，伝統的な文法で用いられている意味に従い，ムードを直説法，仮定法，命令法といった文法的カテゴリーをさすものとして用いると述べている。

　小泉 (2008) は，「法 (modality) は伝達内容についての話し手の見方を表している。」(同 39) として，語形変化による「叙法 (mood)」と，語形変化によらない「法表現」を区別しており，ここには西洋の言語学的視点が感じられる。

　Bally, C. (1950) は，よく知られているように，dictum と modus を区別する。Bally は，文というものは二つの部分，一つは表象を構成する過程，たとえば〈雨〉，〈治癒〉といった〈叙述内容〉(dictum) と，もう一つは，文の要となる思考主体の心的操作と関わる〈様態〉(modus) から構成されると考える。ただし，Bally の言う様態性の表現は，〈様態動詞〉とその主体からなるもので，ここでの様態動詞は，たとえば，「信ずる」「悦ぶ」「願う」といった動詞を指しているので，日本語で今日言うモダリティとは異なる。

　Halliday (1970) は，まず蓋然性，可能性等に関わるシステムであるモダリティ (modality) と，平叙，疑問等に関わるシステムであるムード (mood) とを区別する。その上で，モダリティとモジュレーション (modulation) という二つの概念を提示した。モダリティは，蓋然性等に関わる話し手の判断を示すシステムであり，後者のモジュレーションは，内容という観念的要素に関わるという。次の例を見てみよう。

　　a　　you must be very careful
　　b　　you must be very careless　　　　　　　　　　　　　　(同 326)

a の must は 'you are required to be' を意味し，b の must は 'it is obvious that you are' を意味するという。すなわち，a がモジュレーション，b がモダリティに相当すると考えられるが，b の読みが a にも可能であるのに対して，a の読みは b にはあてはまらず，両者に違いがあることが明らかである。

Halliday は命題と提言それぞれにさまざまなレベルを設定していて，議論は複雑だが，大きくはモダリティは命題にあたるもので，モジュレーションは命令や禁止といった提言にあたると言える。また，Halliday は，モダリティはどんな時制とも結びつくが，モダリティそのものはテンスや肯否，態のバリエーションではなく，一方モジュレーションは時制等が関係するものだと述べている。

　Palmer, F. R. (2001) は，mood と modal system とを区別するべきだと言う。そして，前者の mood は直説法，仮定法の区別をさすとし，後者の modal system については次のように下位分類している。

　Propositional modality　命題のモダリティ
　　Epistemic　　認識に関わるモダリティ　John may be in his office.
　　　　　　　　　　　　　　　　　　　　　John must be in his office.（同 25）
　　Evidential　　証拠に関わるモダリティ（報告，知覚）
　Event modality　　　　　ことがらのモダリティ
　　Deontic　　義務的モダリティ　　　　You may/can go now. You must go now.　　　　　　　　　　　　　　（同 71）
　　Dynamic　　活動的モダリティ　　　　My destiny's in my control. I can make or break my life myself.
　　　　　　　　　　　　　　　　　　　　　　　　　　　　　　　　　（同 77）

右の文が Palmer のあげている例だが，これを見ると，modal system では助動詞によってもたらされる命題のあり方が問題となっていることがわかる。
　もともとモダリティの概念は，直説法，仮定法，命令法という法の特性を意味していたが，一般言語学においても，ムードの概念を従来の法の特性とするのではなく，「ことがら」と「述べ立て」といった要素をとりいれて，それまでとは異なるとらえ方をしていることがわかる。翻って日本語を考えてみると，日本語では法と活用形は截然と区別されていない。直説法，仮定法，命令法という法の違いは，日本語では活用形の違いとして示される。

「書く」と「書いた」はともに直説法であるが，さらに「書けば」「書け」も「書いた」と同様，「書く」の活用形の違いととらえるのが自然である。すなわち，日本語では，法が英語の場合のように構文的に区別されるのではなく，活用形の中にテンスもモダリティも含まれていると考えられる。奥田（1985）にも「日本語のような言語では，単語は文法的なむすびつきとかかわりとを表現するために，変化して，かたちをかえる。たとえば，動詞が叙述形になったり命令形になったり，意志形になったりするように。」（同22）とある。しかし，日本語の文法論では，時代が新しくなるにつれて，陳述は，活用形の問題でもなく，むしろ，動詞の後ろに付加される叙述表現の問題ととらえられ，それに伴って，名称を陳述からモダリティに言いかえている。それと同時に，活用形自体が持っている陳述性は考慮されることが少なくなっているように見受けられる。もとより，同じ活用形でも陳述度[1]の違いがあることについて言及した分析がないわけではない。先にあげた阪倉，寺村にもその指摘はあるが，次に正面からそれを論じた論考を見ることにする。

　なお，本書では，活用形の陳述性に焦点をあてて論じるが，陳述というものは，今日の文法家が指摘するように，用言に接続するいわゆる助動詞，終助詞にも認められるものであり，また，イントネーション，さらには非言語的行動によっても示されるものだと考える。古くは，三宅武郎（1934）が，語気に陳述があることを指摘している。三宅は次のように述べている。

　　雪が降る。
　　雪が降る！
　　雪が降る？
　　「！」も「？」も「。」とひとしく立派な陳述です。そういふ，いろいろな「結びの語氣」をあらはすものが「か・よ・ね・サ」などだとすれ

---

[1] 「陳述度」という用語は，三上（1959），寺村（1984）に見られる。三上では後述するように陳述性の数値化を行っており，陳述度という用語がふさわしいと思われるが，本書ではそこまで厳密に強弱を定めないので，「陳述性」という用語を用いる。

ば，それも一種の語気述詞ではないか。もちろん，それは他の語気述詞のやうに，本來，實質的な述詞から出たものではない。けれども，それだからといつて「語氣」といふ陳述活動に目を掩つてはならない。

(同 1934=1978: 152)

また，森岡健二・宮地裕・池上嘉彦・南不二男・渡辺 (1974: 229) は，「古池や蛙とびこむ水の音」において，どこにも動詞の終止形がないが，完結性があり，陳述の作用が働いている，陳述はいろいろな手段によってまっとうされる，すなわち，終助詞だけでなく，さまざまな手段，たとえば，イントネーションも陳述を担いえることを指摘している。

2 活用形の陳述性

陳述，それは現在ではモダリティと呼ばれることの方が多いが，ここで問題にしたいのは，活用形の中に含まれているそれをどう考えるかである。以下では，その点を中心に論じている論考を見ることにする。

三宅 (1937) は，「花の咲く樹」「人の住まぬ家」について，山田孝雄の，この下線部は厳密に言えば陳述ではないとの指摘に対して，「厳密に言えば」という条件は必要なく，連体形には完全に陳述の力はないと述べている。動詞，形容詞の連体形は，連体詞と「形式の力」において同等のものと見ている。

渡辺 (1953=1978) は，「(略)，終止形の述語が果たしている役割は，すべて連体形の連体修飾語によっても果たされていて区別がなく，ただ一つの叙述がより独立的であるかより依存的であるかという程度の差だけを有して，両者は相互に連続するものだと言えると思う。」(同 267) として，次の例文をあげている。

(N) 自発的に煙草をやめる患者が次第に増えて来て居ります
(M) よくも煙草をやめる気になったものだね
(L) 煙草をやめる前の最後の贅沢なんだ

(K)　ねえ，煙草をやめる事ぐらい一寸の決心よ
(J)　明日から煙草をやめるのは体のためばかりではないのです
(I)　おいおい，今日から煙草をやめる筈じゃなかったのかい
(H)　何か煙草をやめるだけのわけがあるのでございましょう
(G)　決心した日からすぐに煙草をやめる様な人なんですの
(F)　煙草をやめるよりもっとつらいことだと？
(E)　煙草をやめるやら酒を減らすやら病はいやなものですわい
(D)　みんな煙草をやめるのにお前だけはやめないつもりか
(C)　もう煙草をやめるからもらったら誰かに上げてしまいなさい
(B)　ほんとに煙草をやめるかい
(A)　明日から煙草をやめるよ

　渡辺は，「つまり被連体語には，一様に上の叙述全体を綜合し体言化してうけとめる力が備わっていると思われるが，その力も被連体語の意味の具象度に正比例して強弱があり，(N)に近い程うけとめる力が明確であり，従って上の連体形の依存性が強く，(A)に近い程うけとめる力があいまいとなり，従って上の連体形に表現の重点が移り始め，薄れてゆく依存性に反比例してしだいに独立性が強くなるのである。」(同268)と述べ，叙述の力が終止形と連体形とで異なること，そして，被連体語，すなわち，どのような語を動詞が修飾するかによって陳述の程度が異なることを示した。
　三上(1953)は，西洋語のムードと日本語の活用の概念とが一致することに注目し，活用形について，「現代の活用形としては，独立して使われる語形だけを取り，ムウドによって，まず連用，仮定，終止連体，推量，命令の名称を数えることになる。そして，たとえば「行ケバ，見レバ，何々スレバ」の形を仮定形と言い，「行カウ，見ヨウ，何々ショウ」を推量形と言う。」(1953=1972：159)とし，「日本文法においては，陳述は連続的な程度をもってあらわれる」(同182)と考えて，三宅，渡辺らより踏み込んで，活用形全般にわたって次のように陳述度を例示した。陳述の力は終止形が1と考えた時，条件法，中立法の順に陳述の力が弱まり，ゼロの不定法になると

丁寧化することもないが，なお動詞の資格は保っているとする。

表1-1　三上による動詞の陳述度（三上 1959=1972: 148-151）

不定法	0	買いに行く，雨が降りはしたが，習うより慣れろだ，このことを光が回折すると言います
中立法	1/4	手紙を書いて　読み返した。
条件法	1/2	書けば，書いたら
終止法（係り）{連体法}	3/4	書く，書いた　（1953 では 1/2）
終止法（文末）	1	書く，書いた，書こう，書け

　三宅，渡辺，三上と見てきたが，このように，活用形が持つ陳述性に注目した論考もある。しかし，一部の文法家を除いては，活用形自体の陳述性については言及が少なくなっているように思われる。

2.1　連用形の陳述性

　陳述には，活用形の持つ陳述性と文の持つ陳述性(モダリティ)の二つがあると考える。ここでは，用言の活用形の中で使用頻度の高い連用形と，言いきり形すなわち連体形と終止形をとりあげ，その活用形自体が持つ陳述性について考えたい。

　連用形には「書き」の形と，「書いて」の二つの形がある。そこで，前者を中止形，後者をテ形と呼びわけることにする。中止形は継続を表せず，テ形は，「帰って来ての話」「開けてのお楽しみ」という表現にも示されるように，その動作がすでに行われていることを示す。また，「書いて！」のように命令にも使われる。動詞の複合形では，たとえば，「出し入れする」と「出して入れる」のように，中止形は動作のありようを表現し，テ形は前の動作に次の動作を加えることを表現する。また，「書きだす，書きあげる，書きおわる，書きつくす，書きかえる，書きすぎる」と「書いてしまう，書いてあげる，書いてみる，書いておく」の違いも，両者の違いを反映していると言える。三上（1953=1972）は，次のような例をあげて，上の文が正しい区切りであることから，テ形の方が連用形よりも前後を緊密に結びつける力

があることを指摘している。

　　三越へ行って　洋書を買い　丸善へ行って　ねくたいを買った
　　三越へ行き　洋書を買って　丸善へ行き　ねくたいを買った
　　　　　　　　（同 229　原文は漢字とねくたい以外カタカナ）

　松田剛史（1985）は，高校の国語教科書についての数量的データをもとに，500 例のテ形について動作性用言に接続するか，状態性用言に接続するかを調べている。それによれば，テ形による接続は，「て」の直前に位置する用言が動作性のもので，かつ，前件後件の主語が同一の場合が 87％を占めた。このことから松田は，テ形の基本的用法は，前件の動作・作用が完了・成立し，次に現れる後件の動作・作用に連続していくことにあるとしている。三上（1953）や日下部文夫（1956）は，中止形とテ形をそれぞれ未了，完了と言いわけている。確かに，その方が動作のアスペクトが端的に示される。テ形がアスペクトを含み，一方，中止形（たとえば「書き」）は無色で，動詞ではあるがもっとも動詞としての性格が希薄だという点に中止形から名詞が作られる原因がありそうである。そして，この中止形から作られた名詞では，名詞化することで意味が固定されると同時に意味の幅も狭められる。テ形は，「村をあげての祝い」「さしあたっての処置」といった連体助詞の「の」が続く言い方がしやすく，さらに「読んではいけない」「せいてはことを仕損じる」と，動詞ではあるが名詞性が強い。こうした言い方が固定して，助詞相当の働きをするものに「おいて」「ついて」「関して」等の表現がある。また，副詞的な「決して」「かえって」「あえて」「往々にして」にも，もはや動詞の持つ叙述性は感じられない。

　以上，連用形の二つの形，中止形とテ形について見てみた。テ形は，その動作がすでに行われていることを指し，前後を結びつける力が強い。命令にも使われ，中止形に比べて陳述性が高いと言える。しかし，テ形にも陳述性が失われた用法もある。こうした語のふるまいは，動詞としての内実を明確に持っている言いきり形にさらに顕著に見てとれる。

2.2　言いきり形の陳述性

　言いきり形には連体形と終止形の二つがある。現代語においてはこの二つは形が同じだが，その陳述度には異なる点がある。三上 (1953) は判断の基準をあげてその点を論じている。すなわち，活用形の陳述度を分ける基準として，①連用補語を食い止めるか否か，②連体としておさまるか否か，③普通体を丁寧体に変更することがふさわしいか否か，の三点をあげている。

　①の連用補語を食い止めるか否かというのは，次の用例 (1) では，「手紙を」が動詞の連用形に食い止められずに「読み直し」にもかかるのに対して，(2) では，「手紙を」が後文の述語にはかからないことをさしている。

　(1)　手紙を書いて，何度も読み返した
　(2)　手紙を書いたら，よく読み返してみよ
　　　　　　　　　　　(1953=1972：183　原文は漢字以外カタカナ)

もちろん用例 (2) でも，後件は「手紙」を目的語にしているが，これは文脈了解的にそうなるので，基本的には「手紙を」は「書いたら」にかかれば役目は終わると考える。

　②の連体としておさまるかどうかということについては，三上は次のような例をあげている。

　(3)　雨が降る<u>ので</u>，遠足をやめた連中が映画館へ押寄せた。
　(4)　雨が降る<u>から</u>，遠足をやめた連中が映画館へ押寄せた。
　　　　　　　　　　　　　　　　　　　　　　　　(同 186–187)

この用例で，「ので」の場合(動詞が連体形の時)には，「雨が降るので，遠足をやめた連中」と一続きになるのに対して，「から」の場合(動詞が終止形の時)には，「連中」にかかるのは「遠足をやめた」だけである。ちなみに，三上はこうした連体におさまらないものだけを接続助詞としている。

③の普通体を変更することがふさわしいか否かというのは，あまり厳密な基準ではないとしながらも，文全体の丁寧さをしだいに高めていった時，従属節の述部がそれに伴って丁寧になりえるかどうかを見るものである。

（5） 雨が降るので，遠足はやめました
（6） 雨が降りますから，遠足はやめました　　　　　　　　（同 191）

(5)の「降る」は連体形，(6)の「降ります（降る）」は終止形で，終止形の(6)の方が連体形の(5)より先に丁寧体にかわると言える。こうした基準から三上は，終止形の陳述度を1とした時，連体形のそれは1/2位としている。
　三上の考察にもあるように，一般に，連体形は陳述性が低く，終止形は陳述性が高いと考えられる。連体形の陳述性が低いのは，どんな叙述があろうと体言に連なれば，結局そのことがらは物事として提示されて，話し手と現実との関係は断ち切られるからである。「私が食べたいもの」は，私が「今食べたい」こととは必ずしも関係がない。ところが，終止形になると，その動詞は話し手の意向を表す。実際，文末では言いきり形は陳述性がある。そこで，言いきり形の陳述性の差は，体言に連なるか文末で使われるかという用法の違いによってもたらされると考えたくなる。しかし，この説明が不十分なのは，次のように文末でも叙述性のない用法がある点である。

（7） シューベルト，ここに眠る。
（8） 猿も木から落ちる。
（9） 水は100℃でふっとうする。　　　　　　　　　（高橋太郎 2005：92）
（10） 大企業が，中小企業などを圧迫するのもこれにあてはまる。
　　　　　　　　　　　　　　　　　　　　　　　　　　　　　（同 92）
（11） 〈ト書き〉忠治が歩み出る。一同ハット驚いて……。
　　　　　　　　　　　　　　　　　　　　　　　（尾上 1982=2001：370）
（12） 〈新聞の見出し〉二階堂氏が調整に動く，〈映画の題〉カルメン故郷に帰る　　　　　　　　　　　　　　　　　　　　　　　　（同 371）

用例 (7) 〜 (12) では，話し手，聞き手は表現内容に関与していない。このように文末でも陳述性の低い用法がある[2]ことから，そもそも言いきり形自体に異なるものがあると考えられる。同じ語形でありながら，その陳述性が文内の位置や文の持つ意味によってかわるという根拠はきちんと説明されなければならないだろう。この点について本書では，もともと言いきり形が二つの要素，すなわち，用言本来の働きである叙述を担う場合（以下，叙述形と呼ぶ）と，ちょうど英語の不定法のように概念だけを担う場合（以下，概念形と呼ぶ）とを含んでいるということだと考える。叙述形は陳述性が高く，概念形は陳述性が低い。ここで概念形は英語の不定法にあたると述べたが，英語の不定法がすべて概念形だ，とひとくくりにしてよいかは簡単には言えない。Givón, T.(1995) は，二つのことがらを一つのことがらに統合して叙述する場合，その統合の程度を次のように序列化している。この表で統合度が高い場合には，その動詞の陳述性は低いと考えることができる。

表1-2　The binding scale of event integration (Givón 1995: 57)

```
                MOST INTEGRATED
a. She let go of the knife         CO-LEXICALIZED COMP. (一語化された補語)
b. She made him shave              BARE-STEM COMP. (原形不定詞補語)
c. She caused him to leave         INFINITIVE COMP. (to 不定詞補語)
d. She told him to leave
e. She wanted him to leave
f. She wished that he would leave  SUBJUNCTIVE COMP. (仮定法補語)
g. She agreed that he should leave
h. She knew that he left           INDIR.QUOTE COMP. (間接話法補語)
i. She said that he left
j. She said: "He might leave later"  DIR.QUOTE COMP. (直接話法補語)
                LEAST INTEGRATED
```

2　尾上 (1982) や高橋 (2005) は，こうした用法を細かく分類している。

表 1–2 は，動詞が二つある場合のものだが，動詞の陳述性を比べていると見ることができる。この一覧から，同じ to 不定詞補語であっても，たとえば，c の「彼を行かせた」と d の「彼に行くように言った」では，前者の方が一文への統合度が高いということが示されており，英語にも段階性のあることがわかる[3]。

　日本語では，のちに見るように，言いきり形は，連体形の場合に動詞が概念化され，終止形の場合に動詞の陳述性が高くなることが多い。しかし，この原則が常に成立するとは限らない。そこで，もう少し細かく，どういう場合に叙述形と概念形がそれぞれ使われるのかを見ることにする。なお，高橋四郎（1931）は，なぜ動詞の終止形が辞書の見出し語に用いられるのかを考察し，動詞の終止形である語自体は客観的概念を示しているだけで，特定の主体的表現はその語に加えられるイントネーションが受けもつと述べている。この指摘はまさにその通りだが，ここで行おうとしていることは，語とイントネーションを切り離して考えるのではなく，イントネーションも含めて構文的条件によって終止形を含む言いきり形がどのように用いられているかを考えようとしている。また，本書で「概念形」と「叙述形」という用語を用いることについて一言説明しておく。この用語自体は，日下部（1967）で紹介されている。また，寺村には「ムード性のない概念的表現」という記述がある。野田尚史（1989）は，モダリティに二つの側面，真性モダリティと虚性モダリティがあることを指摘しているが，ここでは，モダリティにではなく，用言自体に二つの側面があると考える。「概念形」「叙述形」というように「形」という語を用いることで固定的なものととられる恐れがあるが，言い切った上で中間的なものがあることを指摘した方が概念が明確に示されると考え，この名称を用いることにする。

　ここまで言いきり形としてル形をとりあげてきたが，言いきり形にはタ形もある。三上，寺村の活用表では，まず，テンスによって動詞をル形とタ形

---

[3] Givón は，補語の場合しか扱っていないが，to 不定詞には，名詞的用法，たとえば，To see is to believe. もあり，また，補語でも，We go to school to learn. のように目的を表す場合はどうなのかという問題もある。

に分けた上で，それぞれに分類される活用形の違いをムードとして扱っている。しかし，そうした活用表を提示した寺村は，一方でタ形にムード性の高い表現があることを指摘している。たとえば，バスを待っていた停留所でこれから乗るバスを目にして「バスが来た！」と叫ぶ場合や，「今日は3時から会議があった。」と3時前に言う場合等である。しかし，これらのタ形については，金水敏（2001），定延利之（2010）が基本的にはテンスの枠組みで扱うことができることを指摘している。タ形にムード性の高い表現があることは事実だが，ル形とタ形の対立は基本的にはテンスと考え，本書ではル形を言いきり形の基本的な形としてとりあげる。

2.3　動詞言いきり形の二つの形─叙述形と概念形─

　動詞の言いきりの形（活用形で言うところの連体形と終止形）が文の中でとる位置はいろいろである。叙述形，概念形の違いは，この文内での現れ方によって知ることができる。そこで，ここでは，言いきり形が文の中でどのように使われているかを観察し，その動詞の陳述性について考えたい。次の①～⑤で，ル形が格助詞を伴う場合，形式名詞を伴う場合，引用の場合等について順に見ていく。

①ル形＋格助詞
　「行くがいい」「知るに足る」「見ると聞くとは大違い」のように格助詞を伴う言いきり形は，本来名詞の格関係を示す格助詞を伴っているので，話し手の主観を表すムードはもちろんのこと，アスペクト，テンスも含まない。さらに，連用形から派生した名詞と違って，形容詞はもとより連体修飾の「の」格も受けない。すなわち，連用形の名詞では「（布のノビ）を調べる」というように，「名詞＋の＋連用形」という形があるが，言いきりの場合，「日程のノビルに任せる」は「（日程がノビル）に任せる」ということで，「名詞＋の＋言いきり形」という形ではありえない。また，テ形の「見ての楽しみ」「村をあげての祝い」といった用法は言いきり形では表現しにくく，「なぐる，けるの乱暴」といったセットになった表現や，「まぜるなどの工夫」

と「など」を用いてセットを暗に示す表現をとって，ことがらを並べたてるようにするのが普通である．三上（1963: 148）は，似た語句を二つ並べると，対置によって形の安定を得ると述べている．

②ル形＋形式名詞

　動詞が形式名詞を伴う場合には，言いきり形の陳述性を一律に論じることはできない．どのような形式名詞が接続するかによって陳述性は変わってくる．渡辺が指摘したように，「食べる人」「食べる時」「食べるところ」「食べるもの」といった場合には，「食べる」には話し手の意向は関わっていない．ところが，「ため」「よう」「はず」等の形式名詞が接続すると，言いきり形の陳述性が高くなる．しかし，どういう形式名詞の時に陳述性が上がり，どういう形式名詞の場合には陳述性が下がるかを明確に言うのは難しい．

　　（13）　彼が話すのは，まちがいだ．
　　（14）　彼が話すことは，まちがいだ．

用例（14）は二義的である．すなわち，彼が話す内容と，彼が話す行為自体をさす場合とがある．（13）は行為しか意味しない．評価を表す「いい」「正しい」「確かだ」「本当だ」「まちがいだ」といった語が述部に来る時に，こうした多義性が生じる．この場合，話す内容の解釈の時には名詞性が高く，話す行為の解釈の場合には動詞性が高いので，後者の陳述性が高いと考えられる．この違いは，「ガノ可変の有無」（三上 1953=1972: 27–28）によってわかる．「ガノ可変の有無」とは，「私が持っている傘は小さい．」という文では「私の持っている傘は小さい．」と，「ガ」から「ノ」への言いかえが可能なのに対して，「電車が遅れたのです．」という文では「電車の遅れたのです．」とはならないことをさす．次の文を見てみよう．

　　（15）　あなた{が・の} 持っているので書いてみなさい．
　　（16）　あなた{が・*の} 持っているので私は買わない．

用例 (15) では，主格の「あなた」はガノ可変が可能だが，(16) では，ガをノにかえることはできない。この「ガノ可変の有無」は，それを含む句の名詞性の強弱を示しているととらえることができる。主格の「が」を「の」に代えることができないのは，従属節が名詞化せず，まさに叙述として存在しているからである。そこで，ガノ可変が可能な場合（この場合は (15)）は概念形，不可能な場合（この場合は (16)）は叙述形が用いられていると考える。(16) の「ので」を理由の接続助詞とする人もあるのはこのためもあるだろう。用例 (15)(16) の違いは，次のようにアクセントやポーズの置き方にも示されている。

 (15)′ あなたが持っているの⌝で書いてみなさい。
 (16)′ あなたが持っている⌝ので私は買わない。

しかし，(15) には (16)′ のアクセントを用いることも可能なので，アクセントを識別の条件にすることはできない。同じ「の」が使われていながらそれを我々が意味が異なると解釈できるのは，前後の文脈に加えて，「の」の前の動詞の叙述性が異なるからだと考える。こうした同じ形式名詞を用いる文で動詞の叙述性が異なるということをガノ可変の有無によって知ることができる。

 形式名詞が受ける言いきり形の陳述性は，形式名詞に続く語の性質によってもかわる。次の文を比べてみよう。

 (17) あなたが持っているのが安心だ。
 (18) あなたが持っているので安心だ。

上の文では，どちらも同じ形式名詞の「の」が使われ，「あなたが」を「あなたの」とすることはできない。しかし，そうした共通点があるにもかかわらず，「持っている」の陳述性は (17) より (18) の方が高いと感じられる。上の二つの文の違いは「が」と「で」にしかないのだから，陳述性の違いはそ

こから生じていると考えられる。用例 (17) では，名詞化された表現内容を「が」が受けることで，述語に対して主格という明確な役割を果たしている。ところが (18) では，「だ」の連用形の「で」が表現内容を受けることで，無色の状態で述語「安心だ」にかかっている。述語の方から見れば，その叙述性がさえぎるものなく従属節にも及んでいると言える。ちなみに，寺村 (1984) は，ガノ可変ができないハズ，ワケ，トコロ，ツモリ等の「形式名詞＋ダ」を助動詞とし，三上 (1953) は，「扁理ガ到着シタノデス」を「扁理ノ」とあらためられないことから「のだ」を一つの準用詞(助動詞)とみなした。

以上見てきたように，言いきり形に形式名詞が接続する場合には，ガノ可変の有無によって示される句の名詞性の強弱や形式名詞に続く述部の性質によってその陳述性がかわる。なお，名詞の前の動詞にテンスの対立がある場合に陳述性が異なるという考えもありえるが，先にあげた用例 (13) (14) では，どちらの解釈にも「話す－話した」というテンスの対立は可能だから，テンスの対立が陳述性に直接影響しているとは考えない。

③引用

次に，引用で用いられる言いきり形の陳述性を考えたい。まず，直接話法と間接話法の違いを見ておきたい。

Wierzbicka, A. (1974) は，直接話法と間接話法の意味するところが同じではないことから，引用によって他者の言葉を伝える人は，他者の役割を演じ，その他者とその瞬間を聞き手に思い描かせようとする，すなわち，直接話法の基本的な性質は，この劇のような性格にあると述べている。Li, C. N. (1986) は，Wierzbicka の，伝える人はもとの発話者のようにふるまうという考察から，英語の直接話法と間接話法を次のように区別する。

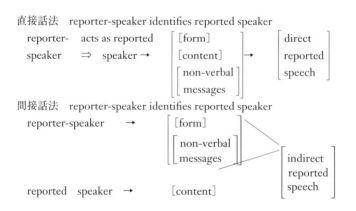

図1-1　直接話法と間接話法のありさま（同38）

　直接話法では，報告する人がもとの話し手のようにふるまうことで，聞き手にもとの話し手が表現しているように信じさせる意図を持ち，一方，間接話法では，報告する人はもとの話し手の役割を演じることはなく，聞き手にもとの話し手の内容のみを伝え，そのコメントとして，形式（たとえば，イントネーション）や非言語的メッセージを通して報告する人の内容についてのフィーリングを伝えると言う。先にあげたGivónの二つの動詞の統合度を示している表1-2においても，直接話法はもっとも統合度が低く位置づけられていた。すなわち，直接話法では引用句の動詞の陳述性が高いということになる。
　では，日本語の直接話法と間接話法において，動詞の陳述性はどのように考えたらよいだろうか。野田（1989）は，次の二文を比較し，①の文を「真性モダリティ」が示されている文，②の文を「虚性モダリティ」の文と分けている。

　①沖縄の海で泳いでみたいなあ。
　②大空を飛んで，自分の住んでいる街を見てみたい。そんな思いから，

愛媛県喜多郡内子町川中，農林業西谷一徳さん（四一）は，自宅前の山林と……。　　　　　　　　　　　　　　　　　　　　　　　　　（同 131）

　「真性モダリティ」とは，発話時の話し手の感情表出で，1 人称，現在形，平叙文，そして，文末に使われるという条件を持つ。一方，真性モダリティを持たない文が表す「虚性モダリティ」は，こうした条件を満たさない。「虚性モダリティ」の文は，映画，テレビのあらすじ，料理の作り方，機械の使い方等の手順の説明に用いられ，1) 丁寧体が現れない，2)「たい」の人称制限がない，3) ほかの文の従属節になりえる，4) 引用節で使われるといった特徴がある。この考えは大筋では納得できるものだが，たとえば，「西谷さんは，大空を飛んで，自分の住んでいる街を見てみたいと言った」という文の「見てみたい」は，上の条件からすれば虚性モダリティと考えられるが，「見てみたい」に注目すれば真性モダリティととることができる。藤田保幸 (2000) は，「引用句「〜ト」の中の引用されたコトバが直接話法と読まれるか間接話法と読まれるかは，それが形式として顕在であろうとなかろうと，伝達のムードを帯びたものと読まれるか否かによって決まるのだと考えることができる」(同 150) と述べている。「虚性モダリティ」というのは，後続文脈の存在に支えられて後続文にとりこまれるような場合が典型だと考えられるので，野田 (1989) のあげる「虚性モダリティ」の特徴は，藤田の言う「伝達のムードを帯びたものと読まれるか否か」の条件をあげたものと見ることができる。

　藤田 (2000) は，引用の定義として，表現されるべき対象を言語記号で抽象化して描く代わりに，同等の実物を差しだして伝達行為を行うことを「実物表示」と呼び，「引用」の本質は，この「実物表示」にあたるとした。そして，直接話法と間接話法については，直接話法の表現は，「伝達のムードを伴う「生きた」文を引いてくる形の表現であり，間接話法の表現とは，「生きた」文が伝達のムードを失って，全文の話し手の立場から秩序に従い，引用構文全体の中の一部分へと従属させられたものだ」(同 151–152) と述べている。Li の直接話法において伝える人がもとの発話者のようにふるまう

という分析と，藤田の「実物表示」には共通するところがあり，いずれも引用の見事な説明と思われる。

ただ，日本語の引用の場合，実際には直接話法と間接話法の境界は明らかでないことも多い。三上 (1963) は，次のような例をあげて，その点を述べている。

> ［福沢諭吉］先生はその場で巻紙を取ってかなり長い手紙を書かれて，kore を持って波多野［三井銀行理事］を訪ね，手紙以外のことは watasi から話してよく頼んでみなさい to いうことだった。（高石真五郎）
>
> （同 137）

直接話法なら，kore, kimi が使われ，間接話法なら，sore, watasi が使われるのが順当だが，この例のように，直接話法から間接話法へ，あるいは間接話法から直接話法へ，話の途中でシフトしてしまうことはよくある。三上は，直接話法と間接話法それぞれの共通点と異なる点を以下のようにあげている。

直接話法と間接話法の共通点：①ムードが不変である。
　　　　　　　　　　　　　　②テンスが不変である。
　　　　　　　　相違点：①代名詞等の単語を引用の場面に合うように変更する。
　　　　　　　　　　　　②スタイルを下げ，終助詞を切り捨てる。
　　　　　　　　　　　　③有題が無題化することがある。

最後の③は，セリフ「私 wa……した」が間接話法では，「彼は，自分 ga……したって言ってたよ。」となることを指している。ここでは，言いきり形の陳述性を考えているが，三上のあげる「ムードが不変である」というのは，

> 吉川氏は，「あなたもやってごらんなさい」と言われた。
> 吉川氏は，お前やってみろ，と言われた。

のように，間接話法になっても命令法というムードが変わらないことを言う。確かに，形の上ではムードは変わっていない。しかし，次の例にもあるように，ムード表現が使われていることは，その叙述に陳述性があることを保証しない。

　　十日の本紙社説に「みんな歩こう」と出ているが，私は若いころから歩くことが好きで，乗り物はなるべく使わないようにしている。
　　　　　　　　　　　　　　　　　　（朝日 1986.10.20．　藤田：115）

以上見てきたように，引用の場合，直接話法と間接話法とは明確に線が引けるものではないが，その典型を考えた時には，藤田があげるように，直接話法の表現は，「生きた」文を引いてくる形の表現であり，間接話法の表現とは，「生きた」文が引用構文全体の中の一部分へと従属させられたもので，直接話法の存在する意味は，この「生きた」文を伝達したいという意図にあると考えられる。そこで，陳述のあり方としては，直接話法の場合は叙述形，間接話法の場合は概念形が使われていると考えられる。

④ル形＋接続助詞
　「から」「が」「けれども」等，南（1974）のＣ段階に入る，いわゆる接続助詞と呼ばれるものが言いきり形に接続する場合には，その陳述性は高い。それは，「きれいだから」と終止形が現れることからも，また，三尾砂（1942=1995：279-285）の丁寧化百分率にあるように，文の終止部が丁寧体の場合には，これらの接続助詞の前では丁寧体が現れやすいという指摘からもわかる。また同じ「が」の接続でも，「行くがいい」と「彼は行く̄が」では「行くが」のアクセントが異なる。

⑤文末のル形
　文末の言いきり形は，陳述性がもっとも高い。ただ，2.2節で見たように，時の観念を含まない場合には文末でも陳述を担わない。渡辺（1971）は，言

いきり形の陳述性が高い理由について、「言わば陳述素材としての叙述内容は独立性を与えられ、その独立性を契機に断定の陳述が下される」（同370）と論じている。また、尾上（1979=2001）は、「"断定""意志"その他の意味を自身の内に帯びているからではなく、このように、他への連続、顧慮を絶した叙述内容の独立性をその意義とするゆえに、終止形は肯定判断文の終止にも用いられる」（同105）とし、「食べる！」のように終止形の命令文が可能である根拠を終止形の素材表示的な意味におく。実現を求める事態内容をそのまま言葉にすると、「聞き手の状況認識能力によって、それは聞き手自身に向けられた要求の内容、あるいは聞き手がそこで為すべき行為の指定内容とな」（同105）り、これは自動車教習所の教官の「ブレーキ」「アクセル」という指示に等しいと言う。しかし、「ブレーキがおかしい」という場合と「ブレーキ！」という場合の「ブレーキ」とはイントネーションが異なり、終止に使われる語が素材のみを示すとは考えにくい。ここではこうした用法の終止形は叙述形が用いられていると考える。

以上、①〜⑤まで言いきり形の使われ方を見てきた。そこにはレベルの差はあるが、動詞でありながら話し手の気持ちを表していない名詞性を帯びた用法、そうしたものをここでは概念形と呼んだが、それと、一方に、おもに終止形に表れる陳述性の高いものとがあった。以上述べたことを整理すると、表1–3のようになる。

　　　表1–3　動詞言いきり形の陳述性　概念形と叙述形

陳述性が低い……概念形
　↑　○格助詞を伴う
　　　　　例：<u>行く</u>がいい。<u>行く</u>に限る。<u>見る</u>と<u>聞く</u>とは大違い。

　　　○文末で「テンス」が関与しない。
　　　　　例：漱石、明治X年に<u>逝く</u>。

　　　○間接話法
　　　　　例：当時の私には山が必要だった。山に<u>行く</u>。その山に名がなかろうとか

　　　　まわなかった。
　　　　彼は行くと思う。

○形式名詞を伴う
　　例：行く人がいない。
　　　　行くことができない。
　　　　彼が行くのは意外だ。彼が行くのにつき合う。
　　　　旅行に行くだけで金が必要だ。旅行に行くだけに金が必要だ。
　　　　行くようだ。行くはずだ。行くために金が必要だ。
　　　　旅行に行くのに金が必要だ。
　　　　あなたが行くので，安心だ。
　　　　彼が行くのに，私は行かない。

○接続助詞を伴う
　　例：先に行くから，後で来なさい。
　　　　彼は行くが，私は行かない。

○直接話法
　　例：彼は「行く」と言った。

○文末
　　例：僕は行く。早く行く！　君も行く？
↓
陳述性が高い……叙述形

2.4　形容詞言いきり形の二つの形―叙述形と概念形―

　形容詞の言いきり形にも動詞と同じように概念を表す場合と叙述を表す場合とが認められる。言いきり形が叙述を担う場合は，「いたい」「うれしい」「かなしい」等の心情を表す形容詞や動詞に接続する「たい」が文末に用いられる場合である。三宅（1934）が語気の強さと指摘した形容詞の促音化現象（「いたっ！」「あつっ！」）は，これにあたる。また，「行かない！」「騒がない！」等の否定形は，命令にも使われる。一方，言いきり形が概念を表すのは，動詞と同様，①格助詞を伴う場合，②直接話法を除く引用句内，③名

詞性が高い形式名詞に接続する場合，と言える．次の例は，言いきり形が助詞をとる場合である．

(19) うまい，まずいは口にしないことにしている．
(20) いい，悪いを問題にしているのじゃない．

言いきり形が助詞をとる場合，動詞は単独でもこうした用法が可能だが，形容詞の場合は，「赤いは酒のとが」「色の白いは七難隠す」といった慣用句か，上の例のようにペアを組んで使われるのが一般的なようである．古典語では，「新しき年」「悪しきを捨つ」のように形容詞の連体形が名詞修飾や名詞的用法に用いられたが，イ音便化と，連体形が終止形と同形になることにより，現代語では「色の白きは」とは言わなくなっている．また，広告文等では「かわいいは作れる」といった感情形容詞を格助詞で受ける表現が見られる．これについては品詞の連続性を扱う第9章でとりあげる．

3 まとめ

　現在はモダリティというと，文末表現に示される話し手の意向，伝達態度に焦点があてられることが多いが，もともと印欧語で言うモダリティとは，直説法，仮定法，命令法という文の述べ方の違いを表すものだった．日本語では，法が構文的に区別されず活用形の中に含まれており，活用形自体に陳述性の違いが見てとれる．こうした活用形のあり方に注目した日本の文法家の中で，三上 (1953) は，同じ「書く」にも，陳述度がゼロの不定法と陳述度が1の文末終止法とがあり，かつ両者は離散的ではなく連続的な存在であることを指摘している．本章では，動詞の連用形と言いきり形の陳述性をとりあげ，その現れ方を見た．言いきり形については三上の言う陳述度が1の場合を叙述形，陳述度がゼロの場合を概念形と呼んで区別し，それがどのように文の中に現れているか，その強弱のありようを含めて観察した．この区別によって，「あなたが持っているので書いてみなさい．」と「あなたが

持っている<u>ので</u>私は買わない。」の用法の違いが，「の」の前の陳述性によって生じていると統一的に説明することができる。この問題は引き続き第2章でとりあげる。

第 2 部　　語形から機能を知る

「ので」と「だけに」,「のに」と「だけで」には次のように似た表現がある。

　①外国へ旅行する<u>ので</u>，まとまった金が必要だ。
　②外国へ旅行する<u>だけに</u>，まとまった金が必要だ。
　③ちょっと旅行する<u>のに</u>，そんなに金が必要か。
　④ちょっと旅行する<u>だけで</u>，そんなに金が必要か。

「ので」と「のに」,「だけで」と「だけに」にも，相互に意味的に近い表現がある。

　⑤旅をする<u>ので</u>，まとまった金が必要だ。
　⑥旅をする<u>のに</u>，まとまった金が必要だ。
　⑦ちょっと旅行する<u>だけで</u>，そんなに金を使うのか。
　⑧ちょっと旅行する<u>だけに</u>，そんなに金を使うのか。

　第2部第2章では，「ので」「のに」「だけで」「だけに」について，語形を出発点に，それぞれの語の意味と機能を考えたい。この四つの語をとりあげるのは，形に共通するところがあり，また意味的にも共通しているためである。「ので」「のに」についての論考は多いが，これら四語をいっしょに検討することによって明らかになる面もあると考える。
　具体的には，以下のように論を進める。まず，「ので」「だけで」それぞれが二語からなると考えられることを示し，次に，それぞれを構成する語「で」「に」「の」「だけ」の意味と機能を順に見ていく。その上で，「ので」「のに」「だけで」「だけに」の意味と構文的条件を考えることにする。

第2章

「ので」「のに」「だけで」「だけに」の分析

1 「ので」「のに」「だけで」「だけに」の語構成

　理由の「ので」「のに」を品詞的にどう見るかについては，さまざまな見解がある[1]。

　三上 (1953) は，「ので」「のに」を接続助詞とはせず「のだ」の中止形と考える。三上は，終止形に続くものだけを接続助詞とするので，連体形に続く「ので」「のに」は準用詞（助動詞）「のだ」の活用形ということになる。その理由として三上は，第1章でも述べたように，ガノ可変を失っている「の」は「のだ」「ので」「のに」の三つだけであることをあげている（同 1953=1972: 298）。三上の指摘は，「から」と「ので」「のに」との陳述性の違いを厳密に定めたという点で重要なものである。ただ，ガノ可変を失って

---

[1] 「ので」については，①準体助詞の「の」に格助詞の「で」が接続したと考えるもの（たとえば，永野賢 (1952)，山口 (1996)），②すでに接続助詞として一語ととるもの（たとえば，三尾 (1942)，日野 (1963)，寺村 (1981)），③名詞化辞の「の」に「だ」の連用形が付いたと考える立場（松下 (1930)，日下部 (1968)，氏家洋子 (1969)），④「のだ」の中止形とするもの（三上 (1953)，国広 (1992)）等がある。「のに」の品詞については，目的の場合には，「に」を格助詞と考え，逆接の場合には，①準体助詞の「の」に助詞の「に」が接続したと考えるか（松下 (1930)），②接続助詞として一語ととるか（橋本進吉 (1959)，三尾 (1942) ただし，三尾は「歯の痛いのに困った」は助詞＋助詞としている），あるいは，③「のだ」の連用形と考えるもの（三上 (1953)）等がある。

いるのは「ので」「のに」に限らない。次の用例（2）のように，述句全体を受ける「の」，この場合には「のが」だが，ここでもガノ可変は起こらない。

（1）　どれがいいか。—　君 {が・の} 持っているのがいい。
（2）　鍵をどこに置いておこうか。—　君 {が・*の} 持っているのがいい。

こうした性格を持つ「の」が「ので」「のに」以外にもあるということは，「で」と「に」が問題なのではなく，「の」で受けている動詞の陳述性がガノ可変に影響していると考えられる。「君が持っているのが安心だ」と「君が持っているので安心だ」という二文は，「が」と「で」が違うだけである。また，「ので」「のに」が二語からなるという傍証にもなろう。

　「ので」を接続助詞と見る日野資純（1963）は，「ので」が二語ではなく一語からなる根拠として，「あまり暑いので行かなかった。」という文において，「あまり」は「ので」にかかっていて，「あまり暑いの＋で」と見ることはできないと主張している。しかし，「あまり暑いのは苦手だ」という表現もあるから，「あまり＋形容詞＋の」という語構成は可能だと考える。筆者は，「ので」「のに」を接続助詞とすることについて，それを否定するものではない。「ので」が接続助詞化しているという原口祐（1971）や吉井量人（1977）の通時的な考察もある。しかし，もともとの語構成の面からは，「ので」「のに」は「の」と「で」，「の」と「に」の二語からなると考える。そして，「ので」「のに」の「の」は，格助詞の「私の本」の「の」とは異なるが，いわゆる準体助詞から「のだ」の「の」までの用法の広がりを持ち，また，「ので」「のに」の「で」「に」も，「だ」の連用形の性格が強いと考える。

　「だけで」が「だけ」と「で」の二語からなると考えることについては，名詞「丈」が起源とされる「だけ」[2]の方が「の」より名詞性が強く感じられるので異論が少ないだろう。しかし，「だけに」については，理由の「から」

2　『日本文法大辞典』1971: 427

と言いかえられることから、その語構成が問題にされにくいようだ。ここでは「だけで」「だけに」を一語とはせずに分析を進める。

2 「で」の意味と機能

　山田 (1922) は、格助詞の範囲を広くとって、「顔は人で、心は鬼だ。」のように、普通、活用形の連用形とされるものまで格助詞に含めた。一方、松下大三郎 (1930) は「で」を助詞に含めず、動助辞、いわゆる助動詞に入れている。「小刀で鉛筆を削る」は「小刀をもって」の意味にとれるし、「火事で家が焼ける」は、「原因が火事であって」と置きかえられ、この「で」には確かに叙述性があると認められる。さらに松下は、「東京で学問する」の場合も、「東京において」と解してはならず、「場所が東京であって、そうして学問する」と、場所の概念を主体とした叙述と考える。時枝 (1950) は、「庭で遊んでいる」の「で」は格助詞とするが、「耳で聞く」については、指定の助動詞とも考えられるとして、結論は述べていない。「台風で家が壊れた」という文で、この「で」を道具格の「で」か、「だ」の連用形かを議論することにさほど意味があるとは思えない。道具格の「で」も「だ」の連用形の「で」も、もとは同根と見ることもできる。形が同じで、しかも意味が同じならあえて分ける必要はない。助詞と助動詞を分けるものは、助詞が格関係を示すところにあると考えるなら、構文によって、「で」が助詞的性格を示す時と、助動詞的性格を示す時とがあると見ることができる。理由を表す「ので」の「で」のように、名詞成分に「で」が接続し、しかもそれが、主節の述語の格成分になりえない時には、助動詞的性格が強いと言える。

3 「に」の意味と機能

　「に」は、幅広く用いられるため、文脈によって次の右側にあげたような意味で分類されることがある。

遊びに行く。	目的
先生になる。	
京都に行く。	動作対象の人，場所
君に本をあげる。	
壁にポスターを貼る。	
京都にある。	場所，時間
机の上に本がある。	
9時に始まる。	
地震に驚く。	原因
雨に濡れる。	

　山口尭二(1980)は，「に」のもっとも基本的な意味は「場面性」にあるとしている。山口(1996)は，「前件を一つの場面としてとらえ，そうすることによってそこに存在・成立する後件と関係づけるという点にこそ，接続助詞「に」の特徴を認めてもよいだろう」(同34)と述べている。国廣哲彌(1962)は，もう少し具体的に「に」の意義素を「密着の対象を示す・副詞的意義質」と考える。前に来る語が「場所」「時間」を表す場合には，まさにその時間，場所を指し，「影響・作用を受ける」場合には影響を与えるものに密着すると考えるのである。文の中での「に」のふるまいを考える時には，基本的な意味は密着性にあるとしても，こうした幅広い用法の「に」のどれを助詞とするか助動詞とするかということが問題になる。さまざまな分け方がなされているが，「10分後に来てください。」と「すぐに来てください。」の「に」に本質的な差は認めがたい。松下(1930)は，「乗る」「貸す」「居る」等の必ず何かに依拠して行われる動作がとる「に」だけを静助辞（いわゆる助詞）とする。そして，「息子を医者にする」に見られる「する」「なる」等の一致性の動詞，もしくは一致性を帯びた動詞（たとえば，「嫁に行く」「売りに行く」「刺身に切る」）がとる「に」は断定の助動辞（叙述性のある助辞の意味で，いわゆる助動詞）として，助動詞の用法を広くとらえる。山口(1980)は，「に」が格助詞としての関係表示機能を句と句の関係に広げ，指

定の助動詞性を帯びたと考える。時枝（1950），日下部（1968）は，「に」と「で」はむしろ「だ」の変化形とし，日下部は，格助詞相当の機能もそこに認める。「食べる<u>のに</u>箸がいる。」と「食べる<u>のに</u>太らない。」という二文を，片方は助詞の「に」で目的を表すとし，片方は「のに」という逆接の接続助詞とするのでは言葉を構造的にとらえられない。「電話を受け<u>ながら</u>メモをとる。」と「電話を受け<u>ながら</u>人に伝えない。」が順接と逆接という別の意味に解釈されるからといって，「ながら」の品詞を別に立てることはしないし，「食べる<u>ために</u>箸がいる。」と「食べる<u>ために</u>太る。」にも同じことが言える。ここで問題にしている「のに」についても，語形の同一性から，基本的な意味は共通しており，前後の文の意味と構文によって異なる品詞性，用法を示すと考える。

4 「の」「だけ」の意味と機能

ここでは「の」と「だけ」という名詞相当語の意味と機能について考えたい。

「の」にはさまざまな用法がある。「私<u>の</u>本」のように連体修飾語を作ったり，「戦争<u>の</u>ない世界」のように主格を表したりする「の」は助詞と定めて問題がない。さらに「の」は，次のように「もの」「ひと」「ところ」等，形式名詞と呼ばれるものに置きかえられる。

（3）　私はきのう学校で花子に本を渡した。
　　　　私がきのう学校で花子に渡した<u>の</u>は，本だ。（もの）
　　　　私がきのう学校で本を渡した<u>の</u>は，花子（に）だ。（ひと）
　　　　私がきのう花子に本を渡した<u>の</u>は，学校（で）だ。（ところ）
　　　　私が学校で花子に本を渡した<u>の</u>は，きのうだ。（とき）
　　　　私がきのう学校で花子に本を渡した<u>の</u>は，とうとつだった。
　　　　　　　　　　　　　　　　　　　　　　　　　　　　（さま）

そこで「の」は，こうした名詞の意味が抽象化されたものと考えることができる。ここで問題となるのは，こうした準体助詞と呼ばれる「の」と，いわゆる「のだ」の「の」とを区別するのかしないのか，もし区別するならその基準は何かということだろう。

　　（4）　私が持っているので　間に合わせよう。
　　（5）　私が持っているので　心配しなくていい。

従来，この二文を区別するために，用例（4）の「の」は体言に準ずるとして準体助詞とし，用例（5）の「ので」は接続助詞とすることが多い。この二文が異なることは，次のような文でも明らかである。

　　（4′）　私が持っている。　それで，間に合わせよう。
　　　　　　　　　　　　＊だから，
　　（5′）　私が持っている。＊それで，心配しなくていい。
　　　　　　　　　　　　　　だから

用例（4）の「の」は名詞の「それ」で受けられるが，（5）の「の」は名詞では受けられない。一方，用例の（5）しか理由の接続詞でつなぐことができない。また，「おそらく私が持っているので」のような陳述表現は，（5）の「ので」の前にしか来ない。だからこそ，これまで接続助詞として扱われてきたと言える。ここでは，上の二文の違いは，前件の述部の陳述性の違いによると考える。

　第1章2節で述べたように，本書では活用形の言いきり形，つまり終止形と連体形には，概念を担うもの（概念形）と叙述を担うもの（叙述形）があると考えるので，用例（4）の名詞代用の「の」は概念形に接続し，用例（5）のように叙述全体を受ける「の」の場合には叙述形に接続していると考えられる。このことはすでに第1章で述べたように，ガノ可変の有無と，また，日下部（1961）に示されているように，平板式に限るがアクセントの違いにも

表れている。

(4″)　私 {が・の} 持っているの⌈で (,) 間に合わせよう。
(5″)　私 {が・*の} 持っている⌉ので，心配しなくていい。

さらに，「の」の前の用言の叙述性の違いとして，「ので」の後ろの読点の必要性，すなわちポーズのあるなしもあげられる。用例 (4) ではポーズを置かないのが普通だろう。

「だけ」は「の」に比べて名詞性が強い。ここでは「ほど」と比較することで「だけ」の基本的な意味を考えたい。

国立国語研究所 (1951: 64　下線筆者) では，「だけ」の用法を，①限度を画する形で程度を示す，②範囲をそれに限定する，と「程度」と「限定」の二つに大きく分類している。この違いは，「その本当の意味を知っている人がどれだけいるだろうか。」のように格の外にある (程度) か，「学校だけが教育の場ではない。」のように格の内にある (限度) か，の違いと考えることができる。実際には国立国語研究所で「程度」に分類されている「だけ」の用法にも「限定」の意味があり，むしろ「だけ」の意味を「限定」と考えた方が用法全体をより統一的に説明できると思われる。それは，次のように「ほど」と比べた場合に，いくつかの明らかな相違点があるからである[3]。

3　「ほど」にもかつて「ほどに」という形で理由表現があった。
・或は世をおそれ，或は人目をつつむほどに，とひとぶらふ者一人もなし
　　　　　　　　　　　　　　　　　　　　　（平家　『国語大辞典』1981: 2200)
　山口 (1996) は，中世鎌倉期ごろまで以下の①のように，前句が後句の存在する時空としての場面を示す意味で使われ，それが原因理由の表示性が明らかな②のような用法にかわり，さらに，③のような前句に推量意志表現，後句に命令表現を導く用法に移り変わっていったと述べている。
①よるになして，京には，いらむとおもへば，いそぎしもせぬほどに，つきいでぬ。
　　　　　　　　　　　　　　　　　　　　　　　　　　　　　　（土佐　同 196)
②雅経は定家の門弟たりし程に，代々みな二条家の門弟の分なり。　（正徹物語　同 107)
③やいやい，ちがひだなにあめがあらふ程に，孫どもにねぶらせひ。
　　　　　　　　　　　　　　　　　　　　　　　　　　　　（虎明本狂言　同 198)

①「だけ」には主節の内容の程度を修飾する用法はなく(用例(6)(7))，逆に，「ほど」には量を限定する用法はない(用例(8)(9))。

(6) 石垣島では屋根がとぶ{ほど・*だけ}強い風がふく。
(7) 何を言っているのかわからない{ほど・*だけ}声が小さい。
(8) 規模が大きくなった{だけ・*ほど}，仕事は忙しくなった。
(9) 好きな{だけ・*ほど}お菓子を持って行ってください。

この違いは，次のように指示代名詞で前文や先行句を受ける場合にも観察される。

(10) あの店は高い。が，{それだけ・*それほど}品がよいことも確かだ。

②仮定条件文においても「だけ」は程度ではなく，限定を示している。
　「ほど」と「だけ」が非常に似ているように見えるのは，従属節に仮定条件がついて主節の内容がその仮定の程度に応じて変化するということを表現する場合であることが多い。

(11)a 魚は，時がたてばたつほど鮮度が落ちる。
　　 b 　　　　　たてばたつだけ
(12)a 考えれば考えるほどわからなくなる。
　　 b 考えれば考えるだけ

これは文全体に変化の意味があるため一見「だけ」も程度を表すように見える。しかし，この条件をとった場合，「魚は，時がたつほど鮮度が落ちる。」という「ほど」の文は成立するが，「魚は，時がたつだけ鮮度が落ちる。」という「だけ」の文は成立しない。一方「考えるだけむだだ。」と言えるのに対して，「考えるほどむだだ。」とは言えず，また主節が過去形になった場合，次の例に見るように，「だけ」節は過去形になりえる(用例(13)d)が，

こうした変化は「ほど」には起こりにくい。(14) c, d から,「ほど」節は程度を表し,テンスは含まないと考えられる。

(13) a 働けば働くだけもうかる。
　　 b 働けば働くだけもうかった。
　　 c 働けば働いただけもうかる。
　　 d 働けば働いただけもうかった。
(14) a 働けば働くほどもうかる。
　　 b 働けば働くほどもうかった。
　　 c ＊働けば働いたほどもうかる。
　　 d ?働けば働いたほどもうかった。

以上見てきたように,「だけ」には主節の内容の程度を修飾する用法がないこと,一方,量を限定する用法は「ほど」にはないことがわかる。さらに「だけ」と「ほど」が同じように使える場合でも「ほど」を使った節は基準を必要としない比例表現であり,「だけ」は,基準からの距離を指定する「分量の限定」を表していると考えられる。

　ただし,「だけ」が限定の意味から外れる用法もある。それは,「だけ」に先行する部分が可能形や「ほしい」「～たい」等の希望表現の場合で,「だけ」に二通りの意味が生じる。

(15) 　食べられるだけ持って行ってください。
(16) 　ほしいだけとることができる。

用例 (15) の「食べられるだけ」には,「食べられる範囲」の意味と「食べられる限界いっぱい」の意味とがある。これはアクセントによっても区別される。どちらも範囲を定めているという点で,「限定」と言えないことはない。「できるだけ」の場合は,範囲を限定する意味ではなく「可能なら」という副詞の意味で用いられることが多い。

5 「ので」「のに」「だけで」「だけに」

5.1 前件と後件の構文的条件

　ここからは「の」「だけ」「で」「に」が結びついた四語の意味と機能を見ていくことにする。必要に応じて「から」もとりあげる。

　「ので」「のに」と「だけで」「だけに」の大きな違いは，4節で述べたように「の」と「だけ」の名詞性の違いによって，前に来る述語に違いが見られることである。それを示したのが次の表 2-1 である。

表 2-1　従属節（前件）に現れるモダリティ表現

	から	ので/のに	だけで/だけに
だろう	○	×	×
まい	○	×	×
ようだ（推量）	○	○	×
らしい（推量）	○	○	×
そうだ（伝聞）	○	○	×
つもりだ	○	○	?
予定だ	○	○	○
そうだ（予想）	○	○	○
という	○	○	○
丁寧体	○	○	×

　表 2-1 で，「から」しか「だろう」「まい」と共起しないのは，「から」に接続する前件の述部の陳述性という点で，「ので」「のに」「だけで」「だけに」との明確な違いを示している。「ので」「のに」と「だけで」「だけに」の異なるところは，「ので」「のに」が推量の「ようだ」以下すべてのモダリティ表現と共起し，一方，「だけで」「だけに」は，話し手の意志を表すものとは共起しない点にある。「だけ」によって「限定」できるのはあくまで人が客観的に判断できることがらということになる。なお，伝聞の「そうだ」は，一見，人の言葉をそのまま伝える客観的な描写表現のように思えるが，日本

語の「そうだ」は当の発話者が目の前にいても使われることを見てもわかるように，印欧語の伝聞表現とは本質的に異なったところがある。伝聞というよりその使われ方は「婉曲」に近くムード性が高い[4]ので，「だけで」「だけに」が「そうだ」に接続できないと考える。また，「から」「ので」「のに」の前の述部は丁寧体になるが，「だけで」「だけに」では丁寧体にならない。

　次に，これらの語の主節(後件)の構文的条件を見てみる。これは，基本的に前件の条件に呼応している。理由の「から」と「ので」のかかり方については山口佳也(1982)の考察がある。山口は，「から」に特にストレスが置かれない限り，「「〜から」のかかりは，一般に文の末尾以外のところで食い止められることはない」(同75)としている。一方，「〜ので」は活用語がどの活用形をとるにしても，「突然いなくなったので，驚いたでしょう。」のようにその語根までかかるとしている。ここで扱っている四語は，「ので」とほぼ同じ条件と言える。これは，「から」では後件にもさまざまな陳述表現が現れるところから前件と後件が対等に節として呼応していると言えるのに対して，ここでの四語は，「から」に比べて前件に叙述性がない分，主節の叙述性が文全体を支配しているからである。ただ，「から」「ので」の場合はそこで文を言い終わることもできるが，「だけで」「だけに」ではできない。また，次の用例に見るように「から」「ので」の主節は意志文が可能なのに対して，「だけに」の主節には意志文が来ることはない。

　　(17)　大勢来る{から・ので・*だけに}，きれいにしておこう。

上の用例は，「大勢来るだけに，きれいにしておいた方がいい」という判断文であれば成立する。

　これらの語の違いは，「は」と「が」のかかり方にも現れている。次の用例から，「だけで」「だけに」を含む従属節では，主語は「が」でしか示されないことがわかる。すなわち，「だけで」「だけに」を含む節は「ので」「の

4　この点は三枝(1989)で論じた。

に」以上に独立した節としての性格が弱い。

(18) 母 {は・が} 楽天的な性格な<u>ので</u>, 父は大きな事業に取り組めた。
(19) 母 {は・が} 慎重な性格な<u>のに</u>, 父は大きな事業に取り組めた。
(20) 母 {*は・が} 楽天的な性格な {<u>だけで</u>・<u>だけに</u>}, 父は大きな事業に取り組めた。
(21) 母 {は・が} 楽天的な性格<u>だから</u>, 父は大きな事業に取り組めた。

野田 (1986) は, 従属句を「は」と「が」のかかり方の観点から分類している。その分類では, A から D までの 4 段階が区別され, A 段階は「ながら」「まま」等の「は」「が」のかかり方に影響を与えないもの, B 段階は「たら」「ば」「とき」等で「が」は従属節にかかりがとどまり「は」は文末までかかるもの, C 段階は「のに」「ので」「けれど」「し」等で主文に別の主語が現れるまで従属句の主語の「は」が主文にまでかかるものとしている。ちなみに, D 段階は引用の「と」を含む文である。ここでとりあげた語について言えば, 南 (1974) の従属句の分類では「ので」「のに」は B 段階だが, 野田の分類では「ので」「のに」「から」は C 段階に含まれる。そして,「だけで」「だけに」は野田の分類では, B 段階ということになる。表 2–2 に主節の構文的条件をまとめた。

表 2–2　主節 (後件) の構文的条件

	から	ので / のに	だけで / だけに
係り先	末尾まで	語根まで	
文末終止用法	○	○	×
述部が命令・意志文	○	○	×
「は」「が」のかかり方	従属節の「は」は次の主語が現れるまでかかる		「は」は文末までかかる

これらの違いは, そもそもは先に述べたようにこれらの語に上接する用言自体の陳述性の違いによって生じていると考えられる。「から」は「行くから」「高いから」「暇だから」「先生だから」と終止形に続く。一方,「だけで」

「だけに」は動詞・形容詞の場合は「行くだけで」「高いだけに」と,「から」と違いがないが,ナ形容詞・名詞の場合は「暇なだけで」「暇だけに」「先生であるだけに」「先生だけに」と,連体形と同時に名詞に接続できる。これらの語が指示代名詞を受ける場合には,「それだから」,「それなので」「それなのに」,「それだけで」「それだけに」と,陳述性の違いが形の上にはっきり示される。すなわち,「だけで」「だけに」の前の用言は概念形の性格が強く,「から」の前の用言は叙述形の性格が強いと言える。「ので」「のに」はその中間に位置すると考えられる。

5.2 「ので」「のに」「だけで」「だけに」の意味

　以上,四語の前に来る用言の陳述性を見てきた。この5.2節では,これらの語の具体的な意味,用法を語形に即して考えてみたい。

① 「ので」
　用例(22) a は単に二文を接続したものだが, b は,前件を「の」で受けて名詞化している。すなわち,前件で述べられていることがらが客観性を帯びて既成の事実として示されている。

　　(22) a　朝早く起きて,ご飯を食べた。
　　　　 b　朝早く起きたので,ご飯を食べた。

「のだ」の連用形と考えられる「ので」は,前件の客観性のある事態に引き続いて後件の事態が生じることを表しているので,いわば「こういう状況で」という順接の意味を持つことになる。

② 「から」
　「ので」と「だけで」は理由に使われることが多いので,「から」も含めてどのような違いがあるかを見てみる。比較に先立って,「から」の品詞と意味について定めておく。

「友だちが北海道から来た。」という場合の「から」は，起点を表す。理由の「から」を接続助詞に分類する考え方もあるが，もともとは同じものだろう。石垣謙二 (1955) による通時的考察もあり，また，現代語に限って考えても，次のような文の違いは「から」自体にあるとは考えにくい。

(23) 彼がこう言ってからこうなった。
(24) 彼がこう言ったからこうなった。

二文の違いは，「から」にあるのではなく，「から」の前に来る語形の違いにあると考えられる。こう考えると，いわゆる理由の文の「から」も，その前件を後件の事態の起点として統一的にとらえることができる。次の (25) は，岩井智子 (1988) があげている例だが，このような唯一の理由，条件を示す論理文には「から」しか使えない。また，命令文や誘いかけの文に「から」が用いられるのも，命令したり誘いかける時にはその根拠が一つでなければ勢いに欠けるからだろう。

(25) $3^2 = 9$, $(-3)^2 = 9$ であるから，9の平方根は3と−3の二つである。　　　　　　　　　　　　　　　　　　　　　　　　　　（同75）
(26) うるさいから，静かにしなさい。
(27) 天気がいいから，散歩しましょう。

理由の「から」の前には，「好きだから」と用言の終止形，本書で言うところの叙述形が来る。このことは，「から」の前にすでに話し手の主観が表されていることを示す。

③「だけで」

「だけで」節では，前件のことがらが限定される。ほかに多くの可能性があるかもしれないが，ここでは一応ほかのことは何もない，しないと限定している。次の文では，「だけで」によって前件が限定される点がほかの理由

表現と異なる。

(28) 昔から親しく付き合っている {ので, だけで,} 出入りが許された。

(29) 弁償する {から, ので, ことで, だけで,} 勘弁してください。

用例(29)の「ことで」「だけで」は理由を表しているというより，基本的には主節の付帯状況ととるのが妥当だろう。「見ているだけで，取ってはいけない。」のようにテイル形を用いると，その点がはっきりする。
「だけで」の前件，後件のつながりについては，以下のことが言える。
1) 前件，後件がただ一つの関係で成りたっている時，それは，因果関係のことが多いが，ほかの要素の存在が前提にないため，「だけで」は使いにくい。

(30) a 雨が降っているので，道が濡れている。
b *雨が降っているだけで，道が濡れている。
c 雨が降っているだけで，売りあげが落ちる。

2) 1)とは逆に，(31)のように前件と後件が対比的背反的な意味を持つ時は，「ので」は使いにくい。

(31) 見る{?ので・だけで}，取ってはいけない。
(32) 彼が見ているので，取ってはいけない。

用例(31)で，「ので」は成立しにくいが，(32)のように「ので」節に主語が補われ，また，テイル形にすれば自然な表現になる。次の用例(33)aの「の

で」は理由か目的か判然としないが、bのようにテイル形を用いれば、理由の意味が明らかになる。

(33) a　旅行する<u>ので</u>，まとまった金が必要だ。
　　　b　旅行している<u>ので</u>，まとまった金が必要だ。

このように，前件が状態性用言の場合には理由を表し，目的には解釈できない。

④「のに」
「のに」の用法は，大きく目的と逆接に分けられる。

(34) a　車は　赤い<u>のに</u>　決めた。
　　　b　信号が赤い<u>のに</u>　止まらない。
(35) a　彼は　歩く<u>のに</u>　杖を使う。
　　　b　彼は　歩く<u>のに</u>　彼の息子は車を使う。

　従来，(35) a の用法は目的，b の用法は逆接と呼ばれている。しかし，ここでは，「のに」も「ので」と同じように二語からなり，その「に」には格助詞としての性格が強いものから助動詞的な性格の強いものまであり，「見る<u>のに</u>金が必要だ。」と「見る<u>のに</u>見えない。」という目的，逆接の意味の違いは，前後の文脈と「の」が受ける前件の述部の性質によってもたらされると考える。
　目的の「のに」の場合は，前件は動作文になる（用例 (36)）。また，後件には用例 (37) の「便利だ」のように「必要だ」「いい」といった意味の語が来ることが多い。

(36)　電車に乗る<u>のに</u>切符を買った。
(37)　この方が持って歩く<u>のに</u>便利だ。

このことは，後件に「必要だ」「いい」といった語が来るから，前件が「目的」の意味にとれると言った方がむしろ正しいだろう。「のに」という語自体には目的の意味は希薄で，基本的には「〜際に」といった意味合いしかない。森田良行（2005）には，外国人の誤用例として「いい成績を収めるのに努力しなければならない。」という文があげられている。森田は「いい成績を収めるのに弊害がある。」「いい成績を収めるのに夢中だ。」といった一般には異なる用法とされる「のに」文を並べて，「のに」文は「ある状況を実現するのに，いまどのような事態にあるかを認め述べる文」（同7）だと統一的に説明している。「努力しなければならない」と続く文が誤用とみなされるのは，当為表現を受けるには，「のに」に目的の意味合いが弱すぎるためと考えられる。「いい成績を収めるのに努力が必要だ。」という表現なら可能で，一方，「いい成績を収めるために努力しなければならない。」という文も可能である。また，「いい成績を収めるのに努力しなければならなかった」と過去形にすると自然になるのは，当為表現が「必要だった」という状態の意味に近くなるからだろう。

　目的の「のに」の場合は，前件には動詞の言いきり形現在しか来ないが，逆接の場合は，前件にタ形，テイル形，「らしい」「ようだ」「そうだ」等の表現が可能である。また，逆接の場合は，前件，後件に対比的な要素が必要である[5]。そのため，逆接の前件と後件は，対照化が可能であることが必要で，次の一覧に見るように後件に勧誘や命令は来ない。また，普通の疑問文は現れにくいが，日本語記述文法研究会編（2008）が指摘しているように，「のだ」疑問文は可能である。

5　石黒圭（2008：205-207）は，予測の観点から，文にどういう要素が来ると次に来る文を逆接と予測するか，その条件を具体的にあげている。

	逆接	目的
忙しいのに	行くらしい。	歩くのに 杖を使うらしい。
	行かなければならない。	使わなければならない。
	行きたい。	使いたい。
	＊行こう。	使おう。
	＊行け。	使え。
	?行くか。	使うか。
	行くのか。	使うのか。
	行くな。	使うな。

⑤「だけに」

「だけに」も「のに」と同様，用法に幅があるが，基本的には次の二つが代表的なものである。

(38) あなただけに教えましょう。
(39) 緑の保全が叫ばれているだけに，活発な意見が交わされた。

(38)の「に」は格助詞の性格が強く，一方，(39)の「に」は助動詞の性格が強く文の中では節のように機能して理由の意味を表している。しかし，理由の意味が生じるかどうかは基本的に文脈による。たとえば，次の二文は二義的である。

(40) 旅行するだけに，莫大な金がかかる。

「旅行以外のことではなく，旅行することにのみ」ともとれるし，「旅行するから」の意味にもとれる。次の文はどうだろうか。

(41) 肉体的精神的に弱い人の場合，たとえ離婚しても生活苦など他の苦労が増すだけに……　　　　　　　　　　（日経 1992.9.18.）

ここまででは，「だけに」の「に」が格助詞として機能するか否かはわからない。次に来る文によって決まる。「苦労が増すだけに，よく考えた方がいい」とも言えるが，この実例は「終わりかねない」と続く。このように助詞的な「だけに」は，動詞との結びつきが強く，動詞の補語を限定する。一方，節を作る「だけに」は，後件の成立条件を一つの場面に限定する。「高いだけにおいしい。」という文を考えた場合，おいしい（Q）という感情が生起する場面状況はいろいろ考えられる。たとえば「あなたが作ってくれた」「肉が国産品である」「みんながおいしいと言っている」等である。このP1, P2, P3といういろいろな場面の可能性の中から一つのPを，Qという判断もしくは状況の成立に特に関係あるものとしてとりあげる。このPを一つに限定することでQとのつながりは当然のものになり，理由の意味が生じると考えられる。

　構文的には，動詞の場合は，「だけに」の前に状態性の動詞が来る。テイル形が実際の用例には多く，動詞が言いきりの形で接続するのは「ある」「持つ」「要る」「わかる」や自動詞的表現，また，「必要とする」「経験がある」「課題となる」等のように，動詞が実質的な意味を持たない状態性の表現が多い。形容詞の場合には，「だけに」に接続するのは「高い」「多い」「少ない」等の客観的な属性形容詞が多く，「うれしい」「はずかしい」等の感情形容詞や「ほしい」「〜たい」等の願望表現は，現在形では「ので」に比べて現れにくい。動作性の動詞や感情形容詞が「だけに」の前に来ないというわけではないが，その場合も，それは動作や感情ではなく，ものやことがらの性質を表していると考えられる（用例(42)(43)）。このことは，名詞の場合に端的に示されている（用例(44)）。

(42)　高く飛ぶだけに，安全面への配慮が必要だ。
(43)　うれしいだけに，言葉も弾む。
(44)　子どもだけに，発想が大胆だ。

(44)の「子ども」は，対象としての「子ども」ではなく，子どもの性格付

けがなされている。つまり、「だけに」の前では、ものの本性、属性が「これだけ」と限定されていると言える。

原因理由を表す「だけに」は、次のように理由の「から」で置きかえられる。

(45) 車内は、密閉された狭い空間{だけに・だから}、体臭やタバコの臭いなどがいりまじって、手入れを怠ると特有の臭いが付きがちだ。　　　　　　　　　　　　　　　　　　　　　　（クルマ）

(46) 硬直した宇宙開発に新風を吹き込むと期待される{だけに・から}一過性のブームに終わらせないような取り組みが官民に必要だ。
（読売 2004.8.25.）

これらの例では「だけに」を「から」に置きかえても、ニュアンスが異なるという程度の違いしか感じられない。しかし、次のような例では、話し手の意図が異なって解釈されるだろう。

(47) 逆にその裏、東北が二死二塁から加藤の二塁内野安打で一挙に本塁を狙った杉田の好走塁は、接戦だった{だけに・から}キラリと光っていた。　　　　　　　　　　　　　　　　　（朝日 1990.3.28.）

(48) 国益の面でも、日本は資源がない{だけに・から}、世界とともに反映する道を選ばざるを得ない。　　　　　　（北海道 2004.3.2.）

(47)を「から」で接続すると「接戦でなければ、キラリと光っていなかった。」という意味が言外に存在することになる。すなわち、「から」の場合は、従属節と主節の結びつきが強く、そのほかの理由の存在を話し手は考えていないと言える。

また、「だけに」の従属節には、次のように同じ名詞を重ねる表現がある。

(49) ところがことがことだけに、いざとなるとどうも実行に踏み切れ

ないというのが， (KWIC1)
(50) 先生が先生だけにいじめもなかなかなくならないだろう。

こうした例では，二つ目の名詞ははじめの名詞を質的に規定している。しかし，名詞の表現する内容は明示されないから，その規定のし方は我々の社会の持つ常識にゆだねられている。これまでの「だけに」の意味的解釈の中では寺村(1991)の説明がわかりやすい。寺村は，「だけに」について，「この型の文の言いたいことの重点は，『Yについて P（原文のまま：筆者注）』というところにあるのだが，そのことについて聞き手の共感を得るために，『XがP』という，聞き手にとって既知の事実をもってき，『XがPなら，YがQなのは当然だ』と論理的な筋道で聞き手を納得させようとするものである。その「論理」というのは，つまり社会的な常識ということである。」（同172）と述べている。提示のし方に主観が入っていない（ようにとれる）分，話し手の主張の正当性を高める効果を持ち，客観性が求められる新聞やニュースによく用いられる。

以上述べてきた「だけで」「だけに」の意味を端的に言うなら，「だけで」は後件の付帯状況，「だけに」は後件との当然のつながりを示す。次の二つの文からも，「で」と「に」が意味の違いをもたらしていることがわかる。

(51) a こういう人は　熱心に練習するだけで　上手になる。
　　　b こういう人は　熱心に練習するだけに　上手になる。

6 「だけあって」の意味と用法

「だけに」とよく似た表現に以下に見る「だけあって」があるので，最後にそれについて触れておく。

(52) かれは　わかいころ　からだをきたえただけあって，いまでもしゃんとしている。 (鈴木1972: 241)

(53) 城はベテランだけあって，歌は実にうまい。　　　　　（KWIC1）

「だけに」「だけあって」の大きな違いは，「だけあって」は，「ある」という動詞によって前件と後件が結びつけられ，「だけに」を特徴づける場面性の性格がない点である。「だけあって」に近い表現に「だけのことはあって」があるが，これは「は」を含んでこれ自体で文をなしている。実際，「だけのことはある」と，文を言い切ることもできる。「だけあって」はそこまでの独立性はないが，「だけに」に比べて「従属節で叙述されることに相当する意味価値を有して」といった意味合いがある。「だけに」の場合は，「それだけに」と指示詞で先行文を受けることができるが，「だけあって」が「それだけあって」にできないのは，「だけ」の前に「ある」という述語に見合った叙述性が必要なためだろう。同じ理由で，従属節に否定的な表現が来ることはないと考えられる（用例 (54) (55)）。従属節と主節の意味的なつながりはプラス評価のことが多く，「さすが」といったプラス評価の副詞が共起することも多い（用例 (56) (57)）。

(54) 微量栄養素は日常の食事で補給しにくい{だけに・?だけあって}，サプリを賢く利用したいところだ。　　　　　　　（Tarzan）
(55) 本来なら，今日別れればいつまた会えるか判らぬ{だけに・?だけあって}，互いに過ぎた日をなつかしみ，語らってこそ，と思われるのに，こんな極めて冷たい別れになるのもいたしかたない，と篤姫は思った。　　　　　　　　　　　　　　（篤姫）
(56) ここから望んだ形は，さすが会津の名山と伝えられただけあって，立派で美しい。　　　　　　　　　　　　　　　　（百名山）
(57) チビドラはさすがに若いだけあって，体力の回復も早いなぁ〜　　　　　　　　　　　　　　　　　　　　　　　　（ブログ）

「さすが」「やっぱり」といった副詞と共起する点，また，「だけあって」がテ形である点から，硬い文体には使われにくいことも特徴としてあげられる。

7 まとめ

　本章では「ので」「のに」「だけで」「だけに」という四つの語をとりあげた。この四語をとりあげたのは，冒頭にあげたように，形と意味に共通するところがあるからである。

　「の」「だけ」はともに名詞だが，その前に来る述語の叙述性は異なる。「の」は，「から」ほどではないが，前にモダリティ表現がとりこめることから，「だけ」に比べて前件に叙述性がある。この違いを反映して「ので」は名詞句ではなく節として後件につながっていく。そして，連用形による接続によって，前件である事態を示しそれに続いて後件の事態が生じることが示され，理由というより基本的には「こういう状況で」といった意味を示す。「だけで」も連用形によって主節にかかっているが，前件の叙述性が弱く，主節の付帯状況を示すのが基本的な働きと考えられる。一方，「のに」と「だけに」は，「に」の場面を示す働きによって，主節との関係が「で」の場合より明確である。「のに」には「見る<u>のに</u>金が必要だ」と「見る<u>のに</u>見えない」という目的と逆接と呼ばれる用法があるが，この違いは，前者は前件が動作文で動詞の言いきり形現在しか来ないこと，後者は前件後件に対比的な要素があることによる。「だけに」は「に」によって場面を限定すると同時に成立条件を一つのことがらに限定するために，後件との結びつきに当然の意味が生まれ，その結果，主節との関係に理由の解釈が生じると考えられる。

第3部　語形の体系性―「って」の分析―

　第3部では，同一語形の体系性を扱う。引用の意味を持つ「って」は，引用の「と」と似たふるまいをするが，まずその違いを第3章で観察する。第4章では「って」を構成要素に持つ「だって」「たって」についてその用法を考える。ここでは，引用にとどまらず，逆接の「だって」「たって」，接続詞の「だって」を同形のものとしてとりあげ，その共通性と違いを考える。第5章では「って」の変化形である「ってば」「ったら」を観察し，「って」「ってば」「ったら」が提題の働きをすることを述べ，さらに，提題の「は」「なら」との違いを考える。第3部終わりの第6章では「って」がさまざまな用法を持つことを概観し，それが全体として一つの体系をなしていることを述べる。

第3章

「って」の構文的位置づけ
― 「と」による引用と「って」による引用の違い ―

1 「って」の多様な用法

　「斉藤，今度名古屋に転勤なんだ<u>って</u>。」「今日中に届ける<u>って</u>話です。」という文に用いられる「って」という表現を我々は日常頻繁に使用する。外国人のための日本語教育でもこうした「って」はとりあげられているが，もっぱら話し言葉で使われることが指摘され，また，その意味は，「って」を含む文全体の意味に応じて「と」「という」「というのは」等に置きかえて解釈されることが多い。

　「って」は歴史的には「とて」の変化したものと考えられる（湯沢幸吉郎 1957，此島正年 1973）。そして，この「て」は，助動詞「つ」の連用形がもとと言われる（松村明編 1971）が，用言にしか接続しないので，「と」と「て」の間には動詞が省かれていると考えられる。もとより時枝 (1950) のように「と」に活用を認めればそうした動詞を想定する必要はない。ただ，その場合でも「と」は抽象的な意味しか持たないから，話し手は「と」と「て」の間に，その文の意味に合わせて具体的な意味を補って解釈するのが普通である。たとえば，湯沢 (1957=1991, 1962) には，江戸言葉の例として次のような文があげられている。

(1) うぬひとり游げる<u>とって</u>，人の心もしらずにこんな趣向をつけるといふがあるものか　　　　　　　（花暦八笑人 1957=1991：596）

(2) いそいでくる<u>とって</u>，ついあそこでころびやした

（徳川文芸類聚　同 596）

(3) ほんに兄弟<u>とて</u>手を取りあうて寝てゐる

（近松歌舞伎狂言集 1962：478）

(1) の「とって」は「と言って」，(2) は「来ようとして」，(3) は「とあって」の意味に解釈できる。また，現代語でも次のような例がある。

(4) 人を愛したい<u>って</u>気持ちだけは十分持っている。

(5) どう考えたって，こっちの方が大変だ。

用例 (4) には「いう」のほかに「思う」という動詞を感じとることができるし，(5) の「って」には「たとしたって」と「する」を差しはさむことができる。しかし，一般的には，次の用例のように「って」に「言う」の意味が見出されることが多い。

(6) 自分が正しいから<u>って</u>あんまりいばんなよ。　　　　　（冬）

(7) 冬場ならマスク<u>って</u>手があるんだが。　　　　　　（家族熱）

実際，次のように，「いう」が顕在化して「って」に続く場合も多い。

(8) でも確かに乗ってきたんですよ。上段がいいから<u>って言っ</u>て，僕と替わったんだから。　　　　　　　　　　　　　（三毛）

(9) 金を貸してくれ<u>っていう</u>奴がいる。　　　　　　　　　（冬）

こうした用例の存在から，現代語では「って＝とて」なのではなく，「って」が場合によって単に「と」に置きかえられる場合と，動詞の性格が加わった

意味を持つ場合とがあることがわかる。
　「って」の後ろへのかかり方はさまざまである。まず，次のように名詞に接続する場合がある。

　　（10）　パンダ見に行かない？－パンダって年か。　　　　　（冬）
　　（11）　この子どうかなって女の子見つけたら教えなさい。　（冬）

また，次のように，「って」の後ろに文が来る場合もある。

　　（12）　看護婦さんて[1]，ふた通りあるらしいわよ。　　　（びっくり）
　　（13）　「自分にぴったりの映画ってないもんだなあって思うわ」と瑛子
　　　　　がいった。　　　　　　　　　　　　　　　　　　　（君を）

こうした例は「というのは」で置きかえられることが多い。この使い方は提題の「は」と共通するところがあり，それが係り助詞として扱われる所以である。さらに，文末に現れて，あたかも終助詞のように機能する「って」もある。

　　（14）　これ兄貴だってさ，オレだとばかし思ってたら　　　（家族熱）
　　（15）　あの年で，新しいとこ入ったって，うまくいかないって（家族熱）

上の（10）～（15）の中で「と」に置きかえられるのは（14）だけである。こうした観察から，「って」は，「と」に比べて前後の語句，文脈に依存して使われる面がずっと大きいことがわかる。「って」の基本的な意味を考えるに先立って，「って」と関係の深い「と」の基本的な意味をまず考えることにする。

---

[1] 日本語では一般に，つまる音 /Q/ がはねる音 /N/ に続くことは少ないので，「さんって」とならない。

2 「と」の用法と意味

「と」の語源については，小林好日 (1936) が次のように述べている。

> 「と」は「それ」「されば」などの指示の意味のある「そ」「さ」と語根を同じくするもので(s − t の変化)，「とかく」「とまれかくまれ」「とある家」などの「と」とも関係があり，名称・状態・目標等を示す語に添えて「それ」と指示するために用いるのが本義，引用の語句に「云々と云った」と云うのは，上の句をさして「さう云った」と云うこと
> (同 229)

しかし，時代が下るとここに述べられている「と」が文頭に来る用法はなくなる。江戸時代の『あゆひ抄』(中田祝夫・竹岡正夫 1960) には次のように述べられている。

> [何と]言葉のさし続くを，中に隔てて明かす言葉なり。たとへば，人の言葉とみづからの言葉，または名と名，事と事，または名と事，歌と詞などなり。このゆゑに常に中にのみある言葉なり。　(同 199)

「と」の用法については，一般に，格助詞，接続助詞，並立助詞に分けることが多い (たとえば，国立国語研究所 (1951)，松村編 (1971) 等)。どういった用法を格助詞と見るか接続助詞と見るかについては，人によって多少異なるところがあるが，これまでの扱いで注目したいのは，「と」に助詞の働きだけではなく，活用を考える文法家がいる点である。松下 (1930) は，副詞的に使われる「と」「に」をそれぞれ独立した助動詞「と」「に」の活用形と考えて，「と」「に」に叙述性を認める。時枝 (1950) は，「と」や「に」を「だ」の活用形と考える。

表 3-1　時枝（1950：155）の「だ」の活用形

活用形＼語	未然	連用	終止	連体	仮定	命令
だ	で	で に と	だ	な の	なら	○

時枝は，「だ」の連用形である「と」の用例として，たとえば，次のような文をあげている。

①隊伍整然と行進する。
②花が雪と散っている。
③「今日は行かない」と云っていた。
④腰をかけると，窓を閉めた。　　　　　（①－③同156，④同192）

ここで扱われている「と」は，松下の副詞を作る「と」よりさらに広い。③文は，「引用」の「と」，④文は接続助詞とされているものである。これらは，いずれも連用修飾的に述語にかかるという点で明らかに共通している。「と」の用法をすべて指定の助動詞「だ」の連用形として説明するには，そのかかり方に違いがあるように思われるが，語源的にも格助詞の「と」とそれ以外の「と」とを分けなければならない必然性はない。そこで，ここでは従来の品詞分けにこだわらず，「と」のさまざまな意味と働きをできるだけ統一的に考えていくことにする。

　「と」の用法のうちで，副詞的に働く「と」は，「自然と」「ゆっくりと」のようにその語幹部分に名詞，副詞が来る場合が多い。また，「どっと笑う」「クスクスと笑う」といった擬態語・擬声語を受ける「と」も大きくは副詞に含まれるだろう。朝山信彌（1931）は，古代語における「と」と「に」を比較しているが，それによればすでに万葉集において，①「とどと」「ひしと」「そよと」，②「しののに」「ゆくらゆくらに」「しほほに」，③「み山もさやに」「手珠もゆらに」と，「と」と「に」の使い分けがあったと言う。朝

山は，①の「と」は，「最も端的に音響を模写したいはば純粋擬音辞たる語幹が形成辞を取って直ちに構成された語」，②③の「に」は，「語幹の音義が前者ほど感詞（exclamation）的でなく，かなり一般語的な手續きを経て成立し，意義も形態も若干普通的な固着性を有する」（同8）と分析している。小林幸江（1979）は，現代語の「に」のつく副詞と「と」のつく副詞を比較検討し，結論として「「に」のつく副詞は，述語との結び付きが強く，述語の様態を叙述的に表したものである。（略）これに対して，「と」のつく副詞は，文の構成成分としては独立の関係にあり，擬声語，擬態語，及び句を引用して，述語の状態を具体的，描写的に表したものである」（同142）と述べており，日本語の用法の連続性が見てとれる。仁田（1997: 261-262）は，「レンガの塀がガラガラと崩れ落ちている。」と「レンガの塀がコナゴナに崩れ落ちている。」という文をあげ，「ガラガラと崩れ落ちる」は動きの過程的側面に焦点があたり，「コナゴナに崩れ落ちる」は変化の側面に焦点があたっていること，そして，この違いがテイル形のアスペクトも変化させていることを指摘している。「と」が擬声語を受ける「クスクスと笑う」「シクシクと泣く」には，「笑い方」とともに実際の笑い声も示されており，また，擬態語を受ける「きっぱりと断わる」「そよそよと風が吹く」「さらさらと砂がこぼれる」には，主節の事態，行為に伴う動きの様子がとりだされており，どちらも副詞句として述部にかかっている。擬声語擬態語を受ける「と」と引用の「と」は同列に扱うことができる。

　次に，引用の「と」を考えてみる。まず次の文を比べてみる。

　　(16) a　（私は）　フグを食べたい。
　　　　 b　*太郎は　フグを食べたい。
　　　　 c　太郎は　フグを食べたいのだ。
　　　　 d　太郎は　フグを食べたい　と言った。

(16) b に見るように，日本語の感情表現は，第三者の感情を表すことができない。寺村（1973=1993, 1982）は，「感情を直接に表出するムード」は，発話

の時点においてしか成りたたず,「事実を主張したり報告するムード」は,どの時制でも成りたつことを指摘している。この,事実を主張報告するムードは,「のだ」「ようだ」を付加したり,「食べたがっている」のように叙述を動詞化したり,あるいは引用の「言う」等の付加によって表される。しかし,(16) a の「フグを食べたい」と d の「フグを食べたいと言った」では,「食べたい」のモダリティは異なっていると感じられる。砂川有里子 (1988) は,「と」による引用句と「こと」による名詞句とを比較することによって,「引用句「～と」は引用文全体の発言の場とは位相の異なる場を再現させ」「「～こと」を伴う文はそのような場の二重性を認めることができない」(同 20) とこの違いを説明している。第 1 章で Li (1986) のあげる直接話法と間接話法の違いを紹介したが,Li によれば,直接話法とは,報告者である話し手が見聞きしたことをそのまま伝えているかのようにふるまうのであった。すなわち,砂川の言う「再現」には,実は話し手の意図が加わっていることになる。しかし,表現上は,引用句の中では(あたかも)もとの発話者の視点で発話が行われ,文全体は文の発話者の視点で発話がなされる。そして,本来発話の時点にしか成りたたない「感情を直接に表出するムード」が引用句内で表現される。もとの発話者しか表出できない感情が引用句に組み込まれると可能になるのは,引用句内の叙述が感情の直接的表出というムードを失うことを意味している。ビルマン,オリビエ (1988) は,「「と」が受けるのはそれ以前の陳述を含む要素であるが,「と」の統括作用によって,ひとつの叙述内容が生み出され完結するために,その叙述内容は「素材」になる。」(同 48) と述べ,「引用の「と」の働きによって「引用文+と」の成分は叙述内容の中に位置する,すなわち発話 (地の文) の中でのコトにあずかっている」(同 52) と指摘している。「と」によって,「と」の前の陳述性がなくなり,叙述が名詞化,客観化することは,三上が終止形に接続するゆえに接続助詞とした「から」が用いられている文についても言える。

(17) a 雨が降るから (遠足をやめた連中) が 映画館へ押し寄せた。
b (雨が降るからと遠足をやめた連中) が 映画館へ押し寄せた。

(18) a　おもしろいから　笑った。
　　 b　おもしろいから<u>と</u>　笑った。

(17)(18)bの「から」は，「と」があることによって主節にかかっていかない。
　次に，接続助詞の「と」について考えてみる。次の(19)a〜cは，「と」節は共通するが，主節の表す「時」は過去，現在，未来とすべて異なって解釈できる。

(19) a　外へ出る<u>と</u>　雨が降っていた。
　　 b　外へ出る<u>と</u>　いい子ぶる。
　　 c　外へ出る<u>と</u>　体にさわる。

「外へ出る」という「と」節が表す「時」は主節に支配されていて，「と」の前の部分は，単にコトガラを差しだしているにすぎない。日下部(1956: 75–76)は，「その角を曲がる<u>と</u>，[2] 郵便局が見えた。」や「店に入る<u>と</u>，そこはごったがえしていた。」という文をあげて，この継起関係には意志による結びつけが考えられない，後件の内容は，前件の内容に先立って存在してもいいと説く。「その角を曲がり，郵便局を見た。」や「店に入り，手袋を買った。」という連用形接続の文では，話し手が実際に郵便局を見，また，実際に手袋を買ってはじめて，曲がることと店に入ることとの間に関係があったことに気付くので，客観的には前件と後件の間に必然的な関係はない。一方，「と」で結ばれた前件と後件の間には，主観的には偶然の関係のように思えるが，客観的には，その角を曲がったりその店に入ったりすれば当然見つけられる必然の関係になっていると言う。日下部は，「春が来，花が咲く」の「来」は「実（アラワレ）」を示し，「春が来ると，花が咲く」の「来ると」は「虚（カンガエ）」を表すと指摘した（同74）。他の例を考えてみよう。

(20) a　雨が降り出し（て）　あわてて洗濯物を取り込んだ。

2　原文は，ここで問題にしている動詞部分のみ独自のローマ字表記を使っている。

　　　　b　雨が降り出すと　あわてて洗濯物を取り込んだ。

(20) a の場合は，時間の流れに沿って話し手の視点から事態が叙述されていると解釈できるのに対して，b の前件は，現実の時間とは関係なく，頭の中に想定された事態を示していると考えられ，第三者の視点からしか叙述できない。すなわち，引用の「と」が，引用句の陳述性を失わせて概念化したのと同様に，接続助詞的な「と」も，「と」が受ける部分を現実の時から切り離して人が想定した考えであることを示す。なお，この用法の「と」には，次のような文末表現がある。

(21)　ダメダメ，そういう時こそお洒落をしないと。　　　　（ブログ）
(22)　困るんです。これがないと。
(23)　飯食ったら，午後2時までは昼寝です。人も木も，この時期はへばるんで休まないとね。　　　　　　　　　　　　　　　　（翼2）

最後に，いわゆる格助詞の「と」を見てみよう。まず次の用例を考えたい。

(24) a　雨が降る。
　　　 b　雨と降る。

(24) b ではa と異なり，降るものは「雨」ではなく，たとえば「批判」である。b の意味するところは，その文の表す事態，動作のありさまが「雨が降るように」ということである。同様なことは「花を見る」「花と見る」にも言える。よく引用されるところだが，歌論集『正徹物語』(1961: 181) にも，「聞雨寒更尽，開門落葉深」の漢詩について，「雨を聞く」でなく「雨と聞く」と読んでは，「始めから落葉と知りたるにて，その心狭し」とあり，室町時代においても，「を」は対象そのもの，「と」は主観的な想念を表すことが認識されていたとわかる。

　動詞が，「なる」「する」「かわる」等の変化の意味を持つ場合，たとえば，

「雨となる」という表現では，現実の天気も雨にかわる。しかし，この「雨となる」の「雨」は，「あれ，雨だ！」と現に降っている雨をさす時の「雨」と同じではない。

　　「に」：責任者になる，責任者にする，責任者にしてできる
　　「と」：責任者となる，責任者とする，責任者としてできる

「になる」「にする」の場合は，「～から～に」という実質の変化があるが，「となる」「とする」の場合には，責任者という役割，つまり概念への一致が問題になっている。以下の用例 (25) は，そうした例である。また，このことは，用例 (26) のような比較の対象を表す「と同じ」「と等しい」「と違う」「と比べる」等についてもあてはまる。

　　(25)　君が来なかったとする。
　　(26)　提出が遅れるのは，出さないと同じだ。

さらに，変化の対象，動作の内容を示す「と」もこうした意味を持つ。

　変化の対象：雨となる，ドルと替える，空洞と化す，X と置換する，子供
　　　　　　　と扱う，人と生まれる
　動作の内容：違反とみなす，正しいと認める，どろぼうと疑う，不況と判
　　　　　　　断する，標準と定める，明日と伝える，犯人と考える，彼は
　　　　　　　来ないと思う，彼が病気だと聞いた

いずれも，「と」の前は現実のことがらではなく，頭の中で想定されたことがらと言える。森山卓郎 (1988) は，この「変化の対象」を「同一的なト格」と呼び，それが連用修飾のトを介して，引用のトに連続することを指摘している。森山の指摘にあるように，「山となる」の「山」は変化の結果を表し，「がっちりと作る」の「がっちりと」も結果を修飾するととらえることで，

いわゆる格助詞の「と」と副詞の「と」，さらに引用の「と」のかかり方の上での連続性が見えてくる。

次に，「と」が動作，作用の相手を示す場合を考えてみよう。この場合，「と」が必須の述語と「と」を選択的に用いる述語とに分けられる。「と」が必須のものには，「と会う」「と結婚する」「と別れる」「と争う」「とつながる」「と結びつく」「と親しい」「と親密だ」「と疎遠だ」「と〜し合う」等があり，「と」を選択的に用いる述語は，おもに動作動詞で「遊ぶ」「食べる」「行く」「乗る」等がある。どちらも，先に見た「なる」「かわる」「認める」「伝える」等とは異なり，「私は彼と」を「私と彼は」のように言いかえることができる。そして，これは「山と海」という場合のいわゆる並列と呼ばれる「と」と同じ使い方である。

(27) 新聞と雑誌を読んだ。
(28) 新聞と雑誌に書く。
(29) 昼飯は，安いと早いが絶対条件だ。
(30) 読むと書くとは違う。

こうした並列の表現では，名詞と動詞の関係を決める格が現れるまで「と」で示されるものは格関係を保留している。すなわち，この「と」は，ほかの格助詞に比べて述語へのかかり方が弱く，格を定めずに文の中にことがらを差しだしているだけで，ここにも概念化の働きが感じとれる。それは「と」が用言を受ける時に顕著である。

以上の観察から，格助詞の「と」，副詞の「と」，引用の「と」，接続助詞の「と」は，実は連続した用法を分類したものであると考えられる。そこに共通するものは，「と」が名詞に接続する場合はもとより，叙述性を持つ用言，文に接続する場合においても，「と」によってその叙述性が失われ，「と」の節は想念を表すということであった。

それでは，「って」に戻って，これまで見てきた「と」との違いを考えてみたい。

3 「って」の基本的な性格

「と」の用法と「って」の用法には重なるところが多い。特に「引用」の働きは両者に共通するものだが、かといって、「って」が「と」に常に言いかえられるわけではない。「と」と異なる「って」の意味と働きを考えるにあたって大事な点は、

　①「って」が連用形の形をとっていること
　②連用形の前に促音が置かれること

の二点にあると思われる。順に見ていく。

3.1 「って」が連用形の形をとっていること

「って」には動詞の省略があるが、形としては動詞の連用形、いわゆるテ形になっている。宮田幸一 (1948) は動詞の活用形のうち、終止的に用いられる「歩く」「歩いた」「歩こう」等を「本詞」と呼び、これに対して、連用的に用いられる「歩いて」「歩けば」等を「分詞」と名付けた。そして、テ形を「シテ分詞」と呼んで、その用法として、たとえば、次のようなものをあげている。

直前または同時の動作, 状態	「いすにつまずいて, ころんだ。」
因果関係	「雨が降って仕事が出来ない。」
逆接条件	「雨が降っても仕事は出来る。」
副詞的用法	「はじめて, きわめて, すすんで」
格助詞的用法	「において, について, に対して」

　　　　　　　　　　　　（同 51–55　原文の例文はローマ字書き）

テ形の働きは本来節と節とを並べることにあり、その接続関係が継続や原因の意味になるのは文脈による、ということはよく指摘される。宮田は加えて、テ形にとりたて助詞が接続する点やテ形の副詞的用法も、分詞の働きとして統合的に扱っている。もともと分詞という命名は西洋語の分詞の働きと

似ているからだが，実際，英語の ing 形も次のように幅広い使われ方をする。

 He stood looking at me without saying a word.
 Running is good for my health.
 Having a nice personality, she is loved by all.

こうした英語の分詞の使い方を見てわかることは，動詞の言いきり形とは異なり，分詞は主格と呼応しないという点である。この点は日本語でも同じで，引用句を除く文中で用いられる分詞やテ形は，動詞の叙述内容を表現するだけで陳述には関わらない。このように分詞やテ形は，文の中での続き方が言いきり形に比べて自由で，そのさまざまな用法は，文内の位置と文脈によってもたらされる。「って」も次にあげるようにさまざまな用法を持っている。

1) 「って」に動詞が接続する用法
  例　行こって誘われた。
2) 「って」の副詞的用法
  例　ビリビリってくる。
3) 「って」の連体的用法
  例　可愛くて仕方がないって風に抱いてたもんだよ。　　（寺内）
4) 「って」の提題的用法
  例　その無能な「究極のメニュー」担当者って，私のこと！？
               （美味 25）
5) 「って」の文末用法
  例　そんな手の汚ねえ刑事はいねえって。　　　　　　　（冬）

このように「って」が接続のし方に幅の広さを持っている点が，「と」との大きな違いの一つと言える。4節で 1) ～ 5) についてさらに詳しくとりあげる。

3.2 「って」に促音が含まれていること

「って」という形の持つもう一つの側面，連用形の前に促音が置かれていることにはどういう意味があるのだろうか。この促音は，表記の上では促音だが，発音上は声門の緊張と閉鎖を示している。こうした緊張と閉鎖は，表記上，促音で表されるが，用いられるところは「って」に限らない。

(31) 今日はおそくなるぞ。
　　　― なんで！
　　　なな子ちゃんちで遊んでくるから。
　　　― 晩ごはんまでに帰る<u>ッ</u>　　　　　　　（となりの山田君）
(32) これはバターですよ！何のへんてつもないバターですってば。だからそんなに迷わないで下さいよ<u>ッ</u>　　　　（朝日 1994.5.22.）

こうした用例の促音の役割は，単に語気を強めるためともとれるが，次のような例を考え合わせるとどうだろうか。

(33) 帰ろ<u>っと</u>。　　　　　　　　　　　　　　　　　　（美味 28）
(34) もうちょっとがんばろう<u>っと</u>。
(35) やめた<u>っと</u>。
(36) 返さないよ<u>っと</u>。

この種の「っと」とその前の述語との間には，間、ポーズがある。すなわち，この促音は声門閉鎖に伴うポーズを示している。それは，「っと」や「って」の前の文が概念化せず，叙述性を保っていることを示すためだ，と考えられる。先に「と」はその前にある述語の叙述性を失わせるということを述べたが，「って」は逆に，「って」が続くことによって，その前の述語に叙述性があることが明示される。上の「っと」の用例 (33) ～ (36) は，この点で「と」の使い方としては例外的とも考えられるが，第9章 6.3 節のおわ

りに見るように，叙述性のある用言を係り助詞，格助詞等で受けることは，話しことばでは少なくない。この種の「って」は，聞き手に話し手の気持ちをいわば宣言のように表明するものなので叙述性が示される必要があると考える。

　動詞の格要素になっている「と」も「って」に言いかえられない（用例 (37)）。しかし，ことがらの音声，表記面がとりあげられている時には（用例 (38)(39)）「って」と「と」の言いかえが可能である。

　　(37)　雨が　雪と　　かわった。
　　　　　　　*雪って
　　(38)　名前が　雪と　　かわった。
　　　　　　　　雪って
　　(39)　明日は　明るい日と　書くのね。
　　　　　　　　　明るい日って

4　「って」の用法

　以下，「って」の具体的な用法を見ていくことにする。

4.1　「って」に動詞が接続する用法

　この場合，接続する動詞は，伝達，思考を表す場合とそれ以外とに分けられる。伝達，思考を表す動詞というのは，次のような例である。

　　(40)　イメージ違うって言われても困る。
　　(41)　行ってって頼んだ。
　　(42)　どうしてあれが私ってわかった？
　　(43)　私だって知っていたの？

こうした「言う」「思う」「頼む」「知る」「誘う」「呼ぶ」「勧める」「気がす

る」「聞く」「感じる」「ほめる」「自慢する」等の，人の発話，思考，感覚，判断等を表す動詞と「って」節との関係は，「って」の前に来ることがらが，後続する動詞の実質的な内容を示している点にある。

　一方，「って」の後ろが伝達，思考以外の動詞というのは，次のような例である。

　　(44)　来てくれない<u>って</u>ひがむ。
　　(45)　猫のたたりなんてあるか<u>って</u>怒ってるわよ。　　　　　　（三毛）
　　(46)　はじめっからうまくいかない<u>って</u>あきらめてた。
　　(47)　でもね，みんなにお膳立てしてもらって『いってらっしゃい』<u>って</u>送り出されるのが嬉しいのよ。　　　　　　　　　　　　（冬）
　　(48)　碁会所行く<u>って</u>出ていったのが，行ってなかったりでね。　（冬）
　　(49)　お前みたいに，お祭りに連れてきてやったから<u>って</u>，おっかさんになったつもりでいたら，……　　　　　　　　　　　　（寺内）
　　(50)　お祭りだから<u>って</u>，酔っぱらって人に迷惑かけるなんて　（寺内）
　　(51)　エイッ<u>って</u>決心して，お母さまのこと見に来たんです。（家族熱）

用例(47)の「いってらっしゃい<u>って</u>送り出す」という場合，「いってらっしゃい」という発話と「送り出す」という動作とは意味的には独立した関係にある。この違いは「と」にも見られるもので，藤田(1986, 2000)は，引用構文を大きく二つに分け，「小田氏は「だめです」と言った。」という通常の引用（第Ⅰ類引用構文）のほかに，「誠が「おはよう」と入ってきた。」という「引用句「～ト」で示される発話・思考と述語で表わされる行為とが同一場面共存の関係にある」(藤田2000:74) 引用（第Ⅱ類引用構文）の存在を指摘した。すなわち，藤田は同じ引用という括りで扱いながらも，動詞が発話・思考動詞の場合とそれ以外とを区別した。しかし，金賢娥(2013)は，藤田の第Ⅱ類引用構文について，「と」節は主節動詞を修飾する成分ではなく，「と」節の後ろに「言って/思って」が潜在する複文と考えた。その根拠として金は，「太郎は「今忙しい」と電話を切った。」のように二つのことがら

が同時ではなく前後している場合もあることやとりたて詞制限をあげている。とりたて詞制限というのは，「さえ」「だけ」「まで」というとりたて詞が第Ⅰ類引用構文の「と」と「言った」の間には挿入されて「太郎は「お早よう」と言った」「太郎は「お早う」とだけ言った」がどちらも成立するのに対して，第Ⅱ類引用構文の場合には，「*太郎は「お早う」とだけ入ってきた」と，とりたて詞が「と」と「入ってきた」の間に挿入できないことをいう。とりたて詞の作用域は節内の述語と考えられるので，第Ⅱ類引用構文の「お早う」の後ろにはたとえば「言う」という動詞がかくれていると考える。金の分析によれば，ここで扱っている「いってらっしゃいって送り出す」という文にも「言って/思って」が潜在することになる。

　杉浦まさみ子 (2007) は，非母語話者の引用表現の習得過程を観察し，日本語の習得が進んだ段階では「と」による引用と「って」による引用とで，引用される対象への関わり方に違いが出ることを指摘している。すなわち，「「と」では，元の対話者のどちらかに偏ることなく等距離において，第3者的な遠い視点 (久野 1973) から眺めた評価が行われる」一方，「「って」による引用では，受身形や授受動詞の使用で元の場面の対話者に視点をおくことで元の場面に入り込み，そこから元発話のもたらす恩恵や影響を当事者の視点から生き生きと再現することが可能になっている」(同 200–201) と言う。こうした観察からも「と」に見られる概念化の働きが「って」には弱く，「って」節では叙述性が強く示されていると考えられる。

　「と」の場合には，「と」節と主節との意味関係は，ここにあげたものに限らない。

(52) a 　来てくれない<u>って</u>，ひがむ。
　　　b 　来てくれない<u>と</u>，ひがむ。　　　　　　　　　　　　（二義的）
(53) a 　春が来る<u>って</u>，窓を開けた。
　　　b 　春が来る<u>と</u>，窓を開けた。　　　　　　　　　　　　（二義的）

a 文は，引用の意味しか持たないが，b 文は，引用の意味にも接続助詞の用

法にも取れ，ここに「って」にはない「と」の，引用から接続助詞までの連続性が見てとれる。

4.2 「って」の副詞的用法

「って」には，次のように動作や物事の具体的な現れを受ける用法がある。藤田（2000）は，「と」における同様の用法を「項目列記」の「と」と呼んでいる。

(54) 2 時間<u>って</u>たたないうちに，またやってきた。
(55) そりゃねえ，たしかにおまえの財布から二枚，三枚<u>って</u>抜いたことはある，そりゃ認めるよ。　　　　　　　　　（びっくり）
(56) 洋服ダンスだ三面鏡だ，冷蔵庫だテレビだって，ズラッと書き出してごらんなさいよ，もう気が遠くなるから　　　　（毛糸）

項目列記の「と」「って」と同じように，擬音語が修飾的に主節にかかる場合もある。

(57) その映像を見ていて，急にビリビリ<u>って</u>きた。
(58) ゴタゴタしたせまいとこに人間がいっぱいで，ワーン<u>って</u>してたから。　　　　　　　　　　　　　　　　　　　（家族熱）
(59) 外に向かって吹くと，音がわー<u>って</u>広がってく感じがしてね，気持ちいいんよ。　　　　　　　　　　　　　　　（桐島）
(60) さっき，ギャア！ってなった時，スジでも違えたのかな　（母上）

このうち，(58)の「ってくる」という表現はかなり生産性の高い表現と言える。藤田（2000）は，これに対応する「と」の「ガクッとくる」「カチンとくる」「ジーンとくる」等を慣用的表現としてとりあげている。そこで「する」も含めて「来る」「する」が述語の場合に，「と」「って」がどのような

擬音語擬態語を受けるか比べてみる。

「{と・って} くる / きた」	「{と・って} する / した」
カッ {と・*って}	すっきり {φ・と・*って}
カチン {と・*って}	うっとり {φ・と・*って}
グッ {と・*って}	ギョッ {と・?って}
ムッ {と・*って}	シャキッ {と・?って}
ガクッ {と・?って}	シュン {と・?って}
ピリッ {と・?って}	カーッ {と・?って}
ビリビリ {と・って}	スーッ {と・?って}
ザーッ {と・って}	ワーン {と・って}
じわーっ {と・って}	ざわざわ {φ・と・って}
ジーン {と・って}	ずきずき {φ・と・って}

ここにあげた例では「と」はすべての場合に自然だが,「って」は音の描写は受けやすいが,心理的描写に関わるものは受けにくい。次の例からも,「と」が受ける擬音語擬態語のうち,「って」に置きかえられるのは擬音語で((62)b),様子を表すもの((61)b)は「って」では受けられないことがわかる。

(61) a　おっとりと笑う。
　　　 b　*おっとりって笑う。
(62) a　クスクスと笑う。
　　　 b　クスクスって笑う。

4.3 「って」の連体的用法

ここでは,「って」に名詞が接続する場合を考える。

(63)　じいちゃん威張って「おまえ達,何言うか」って感じで,相手に
　　　物言わせないとこあった。　　　　　　　　　　　　　　(冬)

(64) それが最終的な面接だってことぐらいわかっていたはずだ。(冬)
(65) 母親が出ると，ガチャンと黙って切っちゃってさ，父親が出ると話すっての，一体どういうの。　　　　　　　　　　　　　(母上)

こうした用例で「って」を「と」に置きかえようとすれば，「と」だけでは名詞に接続できないから，「という〜」という形をとらざるをえない。次の例を比べてみる。

(66) a　せがれが嫁もらおうという年になったんだ。
　　 b　せがれが嫁もらおうって年になったんだ。

(66)の例で，aの名詞への修飾のし方，その一続きのかかり方と比べると，bでは，「って」と前の述部との間にいったん間，ポーズが置かれる。これは，前の述部の陳述性が示されるためで，この「嫁もらおう」は直接話法に近い。また，テ形は，名詞に直接接続することはないから，(66)bの「って年」は，もともとは連体修飾とは言えない。この一見連体修飾のように見える「って」による接続は，実は，連用形の中止用法で，主節とは次のような関係にあると考えられる。

(66) a′　せがれが(嫁もらおうという年)になったんだ。
　　 b′　せがれが(嫁もらおう)って，(そういう)年になったんだ。

しかし，現在こうした用法が多用されていることから，我々はこうした「って」をテ形が用いられていながら連体修飾用法とみなしていると言ってもいいかもしれない。

　ここで「XってY」と「XというY」の叙述レベルの違いについて考えてみたい。寺村(1980)は，名詞修飾を考える際に必要な視点として「内の関係」「外の関係」と呼ばれる修飾部と被修飾名詞の関係に加えて，「陳述(性)」およびその強弱の程度である「陳述度」をあげた。その上で寺村は，

被修飾名詞を次の三つに分類している。

①発話の名詞：言葉，文句等
②思考の動詞：思い，考え等
③コトの名詞：事実，事件等

そして，①の名詞の場合は，修飾部は陳述性が高く「という」の必要度が高い，③の名詞の場合は，修飾部の陳述性が低く，「という」を必ずしも必要としないことを指摘している。このことを益岡隆志(1997)は，「発話・思考の名詞」はモダリティ要素を持ち，「「コト」を表す名詞」はモダリティ要素を持たないと言いかえている。「XってY」について考えるために，寺村(1980)，益岡(1997, 2002)にあげられている次の用例を「って」で言いかえてみる。

(67) a 　関係者の意見をよく聞こうという考え　　　（益岡 2002 : 105）
　　　 b 　関係者の意見をよく聞こうって考え
(68) a 　知事選に出る考えは持っていない。　　　　（寺村 255）
　　　 b 　知事選に出るって考えは持っていない。
(69) a 　スキ焼などの料理を出す（という）商売　　（益岡 1997 : 29）
　　　 b 　スキ焼などの料理を出すって商売
(70) a 　中国が西独の技術導入をはかる可能性がある。　（寺村 256）
　　　 b 　中国が西独の技術導入をはかるって可能性がある。

「って」では，名詞が「商売」や「可能性」というコト名詞の場合も「って」による言いかえが可能である。しかし，被修飾名詞が発話，思考を表す引用の場合はもとよりコト名詞の場合も，「って」に置きかえると，客観的に事態を描写するというより，直接話法的に生き生きと事態を表現しているように感じられる。益岡(1997)は文の階層的な領域として「命題のレベル」と「モダリティのレベル」を分けているが，「という」節がモダリティのレベル

と命題のレベルを扱うことができるのに対して,「って」は,「モダリティのレベル」を扱うのが本務と考えられる。

以上,「って」の連体的用法を見た。「って」が名詞に接続する場合, それは一見連体用法のように見えるが,厳密にはそうではないこと,また,この用法においても「って」には事態を直接話法のように伝える働きがあることを述べた。

4.4 「って」の提題的用法

次に,引用句や名詞に「って」が接続し,提題的に用いられる場合を見てみる。

(71) 来たんだけどよ。オレ,受け取ってもいいかな。
　　　── 来た<u>って</u>誰だよ！忙しいんだから,さっさと言えよ！
　　　お涼さんだよ　　　　　　　　　　　　　　　　　　　　（寺内）
(72) そんならどこへ行ったんだ
　　　── どこ<u>って</u>　家出なら,あれ着てくに決まってますもの（冬）
(73) おじいちゃま,お見送りしてからでなきゃ,お店は出せないわね。
　　　── お見送り<u>って</u>死ぬこと？　　　　　　　　　　　　（冬）
(74) 納豆に出刃包丁突き刺す<u>って</u>どういうことよ。　　　　　　（冬）

「って」が,人の発話,思考を受けている点ではすでに見てきた用法と変わらない。しかし,「って」が発話動詞や連体修飾的に名詞に続くのではなく,「って」に名詞述語文や属性文が続く点が特徴的である。三上（1953=1972:207）は,「源太と来たら　向こう見ずだからな」「平次と言へば　もう来さうなもんだが」「藤三って（ば）　今日はどうかしてるよ」といった条件形が提示法という一つのムードをなすことを述べている。用例（71）（72）は,適当なほかの置きかえ語もなく,引用の働きを持ちながら提題の働きをしている独特の用法と言える。用例（73）（74）の「って」は,「というのは」に言いかえられる。しかし,「というのは」は定義付けに用いるのが基本だから,次の

(76) のように「って」が「というのは」に置きかえられない場合もある。

(75) 田中さん{というのは・って}どの人？
(76) 田中さん{??というのは・って}いつも難しい顔をしている。

人の発話を受けながら，こうした提題的な用法が「と」にはなく「って」に可能なのは，先にも述べたようにテ形という形にあると考えられる。
　「って」は，人の発話ではなく，次のように名詞を直接受けることも多い。

(77) あの様子が見られるだけでも，栗の木があるお庭って，いいと思う。　　　　　　　　　　　　　　　　　　　　　　（栗）
(78) この辺じゃなくても，日本のフランス料理って，いちいちおいしいでしょっていわれてるようで疲れてくるの。　　（君を）
(79) 看護婦さんて，ふた通りあるらしいわよ。　　（びっくり）
(80) 本当に日本人の男の人って，甘やかされて育ってるのね。
　　　　　　　　　　　　　　　　　　　　　　　　　　（美味28）
(81) 男って本当に偉いと思うわねえ。　　　　　　　　（冬）
(82) 子供の頃『ぬり絵』ってあったでしょ。　　　（家族熱）
(83) a 男は本当に大変だ。
　　 b 男というのは本当に大変だ。
　　 c 男って本当に大変だ。

(83) a は，女ではなく男の意味で，b，c は，世間で「男」と呼ばれている存在をとりあげている。加えて，c の男は，b に比べて生き生きとした感じがする。これは，「って」の働きが，人の発話，思考を受け，かつ，前に来る述語に叙述性があることを明示することによると考えられる。次のような使い方は，話し手に属することがら，話し手，あるいは既知の人の属性を論じる場合によく耳にする。

(84) わが家では栗って買うものだったし，……　　　　（栗）
(85) 剛さんって，結婚にどんな夢とか希望を持ってらっしゃるんですか。　　　　（おこげ）
(86) そのときの僕の気持ちって説明がつかないんです。　　（夫婦）
(87) あたしたちって，やっぱり縁があるのかな。　　（おこげ）

この種の「って」は，「は」で言いかえることが可能である。

4.5 「って」の文末用法

「って」の後ろに述語が続かずに文が終わる場合や，「って」の後ろに「さ」や「よ」といった終助詞が続く場合がある。こうした文末用法においても「って」は引用の働きをしている。文末用法を①「って」が「と」に言いかえられる場合と，②「って」がなくても文が同じ意味で成立する場合に分けて見てみる。

①「って」が「と」に言いかえられる場合

2節の「と」の用法のところで接続助詞の「と」には文末表現があることを述べたが，引用の意味で「と」が文末に使われる場合を見てみよう。これらは「って」で言いかえられなくもない。

(88) 女店員は，箱に収めながら言っていた。「嬉しいわ，初めてお客さんに褒められた」と。その身体全体で，うれしさを表現していた。　　　　（楽園）
(89) 面接してはくれたんですが，トリマーは足りていると。でも，葬儀部門の人がいないからどうかと言われたので，やりますと答えました。　　　　（ペット・ケア）

次の用例でも，文末の「って」は「と」で言いかえられるが，話し言葉としては少し不自然な感じがする。

(90) 小学校の1年の時にね，「浦島太郎」でヒラメやったんだ<u>って</u>。
　　　　　　　　　　　　　　　　　　　　　　　　　　　　　（冬）
(91) 若い娘はな，ブクッと肥って，ケツなんかバーンとしてるほうがいいんだ！
　　　── ケツだ<u>って</u>。お尻っていやあいいでしょ。　　　（冬）

昔語りの最後に使われる次のような「とさ」は，金水 (2003) の言う老人の役割語に近くなる。

(92) 王さまと若い娘は，つぎの日，結婚して，すえながく幸福に暮らしました<u>とさ</u>。　　　　　　　　　　　　　　（ポピンズ）

ところで，先に「って」が引用句や名詞を受ける用法として，次のような例をあげた。

(71) 来たんだけどよ。オレ，受け取ってもいいかな。
　　　── 来た<u>って</u>誰だよ！　忙しいんだから，さっさと言えよ！
　　　お涼さんだよ　　　　　　　　　　　　　　　　　　　（寺内）
(73) おじいちゃま，お見送りしてからでなきゃ，お店は出せないわね。
　　　── お見送り<u>って</u>死ぬこと？　　　　　　　　　　　（冬）

これらの用例において「って」で文を言い切ることも可能である。これは問い返しの働きをしている。

(71)′ 来たんだけどよ。オレ，受け取ってもいいかな。
　　　── 来た<u>って</u>？
(73)′ おじいちゃま，お見送りしてからでなきゃ，お店は出せないわね。
　　　── お見送り<u>って</u>？

金珍娥 (2013) は，助詞が文を終わらせる機能を果たしていることを，たとえば次のような実例をあげて述べている。

(93) 　30代男　　　　　　　　　はい．　　　　　ずっと東京で．
　　　40代男　あのーー　東京の方ですか．お住まいは？．　　あ，そうなんですか。私も東京です．　　　　　　　　　　（同 195）

これは，二人の人が時間軸に沿って会話をしていく様子を示したものだが，「お住まいは？」の「は？」で次の話者の発話が誘発されていると言う。「は」という助詞がそこで言い切られることによって，次の発話を引きだしているわけだが，先の (71)′ の「来たって？」も問い返しによって，それをさらに次の発話につないでいく働きをしていると見ることができる。

　先の (90) (91) の文末の「って」は引用を表しているので，イントネーション等の特別な文脈がない限り，これを省くことができない。しかし，引用の「って」を省くことができる文末用法もある。

② 「って」がなくても文が同じ意味で成立する場合

　(94) A：明日行く？
　　　 B：行くよ。
　　　 A：本当に行くの？
　　　 B：行きます {φ・よ・って}。

上の用例で 2 番目の B 文は「って」がなくてもあっても文がほぼ同義になる。これは，「って」節で話し手自身の意志を述べているからだと考えられる。すなわち，あえて引用表現にしなくてもいいわけで，それにもかかわらず話し手が「って」を用いるのは，引用形式によって自らの意志や命令を宣言のように表現するためと考えられる。次も同様の例である。

(95) a　そう言うな<u>って</u>。　　　　　　　　　　　　　（美味 28）
　　　 b　＊そう言うなと。
　　　 c　そう言うな。
(96) a　青山警察行ってみなよ。ちゃんと調書残ってる<u>って</u>。　　（冬）
　　　 b　　　　　　　　　　　　　　　＊残ってると。
　　　 c　　　　　　　　　　　　　　　残ってる。
(97)　忘れてたんです。— いい<u>って</u>，いい<u>って</u>。　　　　（寺内）
(98)　あの年で，新しいとこ入ったって，うまくいかない<u>って</u>
　　　　　　　　　　　　　　　　　　　　　　　　　　　（家族熱）
(99)　大きな家らしいの。—（家の持ち主）きたない家だ<u>って</u>。（冬）

こうした用例の観察から，引用を表す「って」や「と」は，この「って」や「と」があることによって引用とわかるので省略ができないが，話し手自身の発話に用いられる「って」は省くことができる。つまり，後者の「って」は，文の叙述内容には関わらず，発話を宣言のようにする，きわめてモダリティ性の高いものである。終助詞の「よ」に言いかえられる場合も多い。この用法は「と」にはないが，3節で「と」の使い方の例外としてあげた次のような用法では「と」にも可能である。

(100)　帰ろ<u>っと</u>。　　　　　　　　　　　　　　　　　（美味 28）
(101)　録画しながら見よう<u>っと</u>。　　　　　　　　　　（ブログ）

「と」の前にポーズが置かれることによって，述語に叙述性が生じると考えられる。

5　まとめ

　「って」という語形は，「来てくれない<u>って</u>ひがむ」という引用の用法，「ビリビリ<u>って</u>くる」という副詞的用法，「せがれが嫁もらおう<u>って</u>年になっ

た」という名詞に接続する連体的用法,「自転車に乗るっておもしろい」という提題的用法,「そう言うなって。」という終助詞的用法を持つことを,似た用法を持つ「と」と比較しながら論じた。「と」にも格助詞,副詞,引用,接続助詞とさまざまな用法があるが,実はこれらは連続した用法であり,そこに共通するのは「と」が名詞に接続する場合はもとより陳述性を持つ語句,文に接続する場合においても,「と」によってその陳述性が失われ,「と」節は想念を表すということであった。それに対して「って」は引用の意味合いを失わない。「と」と異なる「って」の働きと意味を考えるにあたって,①「って」が連用形の形をとっていること,②連用形の前に,促音が置かれること,の二点が重要であることを指摘した。すなわち,「って」は連用形という形をとっているために,動詞としての性格を失わない。また,接続のし方の自由度が高く,名詞的用法や終助詞的用法も持つ。また,連用形の前に促音が置かれること,これは発音上は声門の緊張と閉鎖によるポーズを意味するが,このことによって「って」の前の述語に叙述性のあることが示されると考えられる。

第4章

「だって」「たって」の本義と
その用法の広がり

1　従来の扱い

　本章では，「って」を構成要素に持つ「だって」「たって」をとりあげる。「だって」という語が文の中でどのように用いられているかを考えてみると，たとえば次のような用法があげられる。

　　①彼は今日ひまだって聞いた。
　　②彼が今日ひまだってことを知らなかった。
　　③彼は，今日ひまだって。
　　④彼は今日ひまだってここには来ない。
　　⑤彼だってそのことを知らなかった。
　　⑥だって，知らなかったんだ。

辞書でこうした「だって」がどのように扱われているかを『大辞林』(1988)で見てみると，同じ用法が異なる項目に載っており，品詞に関しても，格助詞，係り助詞，終助詞等異なる品詞が振られ，この語の品詞分けの難しさがわかる。辞書の扱いで一番問題と思われるのは，いわゆる引用の用法と逆接の用法とを分け，さらに逆接の場合には，動詞，形容詞接続とそれ以外とを

別だてにしている点である。

(1) a　嘘をつい<u>たって</u>言われた。
　　 b　嘘つき<u>だって</u>言われた
　　 c　嘘をつい<u>たって</u>かまわない。
　　 d　嘘つき<u>だって</u>かまわない。

『大辞林』では，(1)のaとbを「って」の見出しの下にいっしょに扱いながら，cとdはそれぞれ「たって」「だって」の項に分けている。しかし，aとbがいっしょにされるなら，当然cとdもいっしょになってしかるべきで，一方，a, cとb, dもそれぞれ語形の上では異なるところはない。意味が異なるのは，それが用いられる文脈が異なるからで，「だって」という語自体に違いがあるとは考えられない。もちろん，片方に「だって」という独立した接続詞があることを考えると，逆接の「だって」が一語化しているととることもできる。「ついたって」「嘘つきだって」の「たって」「だって」の結びつきは，(1)のa, bよりc, dのほうが強いと言える。しかし，だからと言って，はじめから逆接の「だって」というものを設定してしまうと，この語の本来の意味や，引用の場合の「だって」と異なるところがあいまいになる。ここでは，「だって」「たって」は，名詞述語と動詞の過去形に「って」が付加していると考える。そこで，まず語形を出発点として，「だって」「たって」の意味と用法について考える。また，「たって」は逆接の意味で「ても」と比較されることが多いので，それとの違い，さらに，接続詞「だって」の用法についても合わせて考えたい。

2　「だって」「たって」の起源

　松尾捨（1969=1987）は，古代語に著しい「と」の用法として「とて」をあげ，次のような用例を紹介している。

（2）　五人の人の中に，ゆかしき物見せ給へらむに，御志まさりたりと<u>て</u>つかうまつらむ　　　　　　　　　　　　（竹取物語　同352）
（3）　「これ参らせむ」<u>とて</u>御硯などさし入る　　（枕草子　同352）

　松尾はこの用例について，「と思って」「と言って」という訳を便宜的にあてている。此島（1973）によれば，室町期までは逆接「とて」の用法は少なく，「江戸時代になると「とて」の用法がかなり自由になり，用例数も多くなる」（同150）という。たとえば，此島には次のような用例があげられているが，この「とて」には逆接の意味がある。

（4）　俺が戻った<u>とて</u>無い銀がどうして出ようぞ
　　　　　　　　　　　　　　　　　　　（傾城禾生大念仏　同150）
（5）　是おさん，いかに若い<u>とて</u>，二人の子の親，結構なばかりみめではない　　　　　　　　　　　　　　　　（心中天網島　同151）

　また，此島によれば，江戸語には「とて」だけでなく，「とって」もそれに劣らず多いという。次は湯沢（1957=1991）のあげる「とて」「とって」の例である。

（6）　両親子［両家ノ親御］様だ<u>とて</u>何も敵同士といふでもなし……
　　　　　　　　　　　　　　　　　　　　（洒落本集成　同593）
（7）　いかにお年が若ひ<u>とて</u>，かりそめにも其やうな事をおっしゃりますな　　　　　　　　　　　　　　　　　　（洒落本集成　同593）
（8）　貴さまたちにいってきかせた<u>とって</u>，馬の耳に風だろうが……
　　　　　　　　　　　　　　　　　　　　　（膝栗毛　同594）
（9）　なんぼ年が往かねへ<u>とって</u>，誠に臆病な児だヨ　（花筐　同595）
（10）　新蔵が覚えがわるい<u>とって</u>，高麗やが小言をいったっけ
　　　　　　　　　　　　　　　　　　　（徳川文芸類聚　同596）

こうして見ると，「とって」「とて」には引用だけでなく，逆接ととれる場合もあることがわかる。この点は，「とて」が「って」と変化した現代語にもそのまま引き継がれている。

ところで，湯沢のあげている用例 (7) (10) では，形容詞の終止形に「とて」が後続する。しかし，現代語にこうした言い方はない。そして，現代語で「若くたって」と形容詞の連用形に「たって」が付くということは，「うそをついたって」「うそつきだって」の用例を，終止形に「って」が接続したと考える立場とあいいれない。この点について松下（1930=1977）は，「「た」はク活シク活へは附かないが形式動詞の「する」を附け，その第二活段「し」へ「た」を附ける。そうして「し」が音便で促音になる。」（同303）と述べている。つまり，「遠くしたって」が「遠くったって」を経て「遠くたって」になると言う。また，此島（1973）も，古代語で形容詞に「て」がどのように付くかについて次のように述べている。

　　　古代語において「て」のほかに「して」ができたのは，「て」の用法の不定を補うためだったのであろう。「て」は本来動詞だけを受ける語であったかと思われる。（略）従って，形容詞や形容動詞等を受けるためには，間に形式動詞「あり」「す」等を挿入する必要があったのであろう。こうしてできた「して」が，後にしだいに動詞「し」の意識を失って，「て」と同価に感じられるようになり，その結果，形容詞等にも「て」の付くことが多くなって行ったと思われる。　　　（同168）

つまり，形容詞に続く「たって」の「た」は，過去形の「た」ということになる。本章では，現代語の「だって」「たって」の語構成を「だ＋って」「た（動詞の過去形）＋って」と考える[3]。

3　本章において「たって」「だって」の用例に下線を付すが，本章の下線の付し方は第3章と異なる。3章では「と」と比べながら「って」について述べるのが目的であったため，「って」に下線を付した。本章は，「たって」「だって」という語形に着目するため，「って」だけでなく語の活用語尾にも下線を付す。その点で第3章の下線の付し方と一致していない。

3　引用の「だって」「たって」

　「だって」「たって」の構成要素である「って」は，節と節とをつなぐのが本来の役割であるテ形を含むことから，前件と後件をつなぐ動詞的性格を持つとともに，宮田（1948）が指摘した英語の分詞にあたる名詞的性格も持っている。そのため第3章で見たように，動詞に接続するだけでなく，副詞的，提題的，終助詞的にも用いられるというように，続き方がかなり自由である。本章では，この3節で引用の「たって」「だって」を，次の4節で逆接の「たって」「だって」をとりあげる。

　「だって」「たって」が引用であるか否かは，実際の発話では明らかである。「いつ」「どこで」「誰が」を問わず人の発話を受けていれば，それは引用となる。一文のレベルだけで判断しようとすると難しいが，次のような場合には一文でも引用であることが明らかである。まず，「言う」「聞く」「思う」「感じる」「わかる」「気がする」「実感する」等の人の発話，思考，感覚，判断等を表す動詞が「って」に続くと，「って」の前は発話の内容を表す。

(11)　ほんと，でもねえ，コチョコチョとドカンと，どっちが罪かっていやあ，あたしは同じ<u>だって</u>気がするなあ　　　　　　（蛇蠍）
(12)　馬鹿と猫は高いところが好き<u>だって</u>言うでしょう　　　（三毛）
(13)　白内障<u>だって</u>判りゃ，菊男ちゃん，アンタのことすてやしないよ　　　　　　　　　　　　　　　　　　　　　　　　（冬）
(14)　ぼくがホモになったのは，自分のせい<u>だって</u>，母親の性格に原因があるんじゃないかって思ってるみたい。　　　　　（おこげ）

この場合，実際の発話がしばしばそうであるように，名詞述語の「だ」は省略が可能である。次のような定義付けに用いられる文も，意味的には引用に準じて考えることができる。

(15) A：ほかしましたよ
　　　B：ほかし<u>たって</u>，捨てたということですか。　　　　（思い出）

また，「たって」「だって」が，名詞を修飾する連体修飾用法の場合も引用の意味になる。

(16)　よくポストに一万円札がほう り込まれ<u>たって</u>はなし聞くけど，鮒ってのは聞いたことないわねえ。　　　　（男どき）
(17)　顔つなぎに昼メシ食おうってことが，最終的な面接<u>だって</u>ことぐらい，お前だって判ってた筈だ。　　　　　　　　　　　（冬）

以上の引用の「だって」と次に述べる逆接の「だって」は，「だって」「たって」が発話，思考動詞の接続によって句として主節に包み込まれるか（引用の場合），あるいは，従属節として機能するか（逆接の場合）で異なるが，この区別は次のように判然としないこともある。

(18)　赤んぼに<u>だって</u>くれた。
(19)　スイスに行っ<u>たって</u>いいね。

この場合，実際の発話では，「赤んぼにだ　って」と「赤んぼにだって」というように語の切れ目で区別ができる。また，次のようにアクセントによる言い分けも可能である。

(18)′ a（「赤んぼにだと言って」の意味）赤んぼにだって⌐くれた。
　　　 b（「赤んぼにさえくれた」の意味）赤んぼにだ⌐ってくれた。
　　　　　　　　　　　　　　　　　　　　赤んぼに⌐だってくれた。

4 逆接の「だって」「たって」

4.1 逆接の「だって」「たって」

この節では,「だって」「たって」に発話,思考動詞が接続しない場合を見てみる。

(20) 奉公が辛いのはどこ<u>だって</u>おんなしこった,おかみさんの口の悪いのは癖だし　　　　　　　　　　　　　　　　　　　（さぶ）

(21) 誘拐だけ<u>だって</u>大変だ。それに殺人と来りゃ,絶対に死刑だものな。　　　　　　　　　　　　　　　　　　　　　　（デート）

(22) ええ。夜の静かなことといったら,砂漠のどまん中<u>だって</u>こうはいきませんよ　　　　　　　　　　　　　　　　　　（三毛）

(23) 「ねえ……僕なんか,付き合っ<u>たって</u>,ちっとも面白くないよ」と逃げ腰になる。　　　　　　　　　　　　　　　　　（デート）

(24) だけど宿屋へ入っ<u>たって</u>,安心はできないよ　　　　　（梅安）

(25) 確かに赤かったんだ！　いくらぼんやりして<u>たって</u>,そんな見間違いはしないぞ。　　　　　　　　　　　　　　　　　（三毛）

こうした用例の観察から,発話,思考動詞が接続しない「だって」「たって」について,次の二点が指摘できる。

① 「だって」という形は,「だ」があることによって,主語が示されていなくても「～が～だ」という名詞述語文の述語になっている。

　たとえば,(21)は,「やったことが誘拐だけだ」,(22)は,「場所が砂漠のどまん中だ」というように主語を補うことができる。この場合,述語部分の「だ」を省くことはできない。次の例を比べてみよう。

(26) a　子供<u>って</u>　いろんなことに興味を持つ。
　　 b　子供<u>だって</u>　いろんなことに興味を持つ。

用例(26) a のように「って」が直接名詞を受けると，その名詞の概念がとりたてられる。一方，b 文では，「子供だって」と名詞述語の「だ」があることでその名詞の持つ属性がとりたてられると同時に，後ろに発話動詞や名詞が続いて「だって」が発話内容や修飾句として節内にとりこまれない限り，この部分は独立した節として後件につながる。なお，「だって」は「でも」と置きかえが可能であり，その「でも」が助詞とも考えられることから，「子供だって」を節ではなく助詞の「だって」が付加したものととらえる立場もありえるが，あとでも述べるように本書では節と考える。

② 「だって」「たって」には，たとえ明示されていなくても，それと対比されるものが存在する。

- (27) あたしだって，初婚の方がいいに決まっているけど…　　（寺内）
- (28) しかし日本人は中華料理も好きですからね，中華風スパゲッティだっていいわけです。　　　　　　　　　　　　　　　（美味25）
- (29) イワさん，体が骨だって仕事してるほうがいいんだよ。　（寺内）
- (30) 聞こえたっていいだろう！　　　　　　　　　　　　　（寺内）
- (31) 石ってのは，おっぽり出しといたって泥棒は持っていかない。
　　　　　　　　　　　　　　　　　　　　　　　　　　　　（寺内）
- (32) みすみす実らないと判ってたって，人は惚れるんだよ　（あうん）

用例(27)は，「ほかの人はもちろん，あたしも」，(28)は，「イタリア風スパゲッティ，和風スパゲッティはもちろん，中華風スパゲッティも」の意味である。(30)は「聞こえる」「聞こえない」の対比がある。つまりこうした表現では，一番可能性の低い例，低そうな例を出すことで，「より高い可能性の場合はもちろん低い可能性の場合でさえ」という意味になる。次の例では，そうした対比の存在が明示されている。

- (33) 石津は顔を輝かせて，「子供だけじゃありません，女房だって可愛がります！」と，　　　　　　　　　　　　　　　　　（三毛）

(34) あら，執刀医より麻酔医の方が，料金だって保険の点数だって高いんですってよ　　　　　　　　　　　　　　　　　　　（家族熱）
(35) 地震があったって火事があったってあの人，最後まで生き残るって　　　　　　　　　　　　　　　　　　　　　　　　（阿修羅）
(36) でもねえ，やる奴あやるんだよ。判んなくたって見えなくたって─判んないから見えないから，尚やるんだよ。　　　　（隣）

(33)では子供と女房が対比され，女房の場合でさえの意味になる。(34)〜(36)では，どちらも低い可能性の例があげられている。この対比の意味は，テ形によって生じると考えられる。

4.2　「だって」「たって」と「でも」「ても」

「だって」「たって」が示す対比性は，同じくテ形を含む「でも」「ても」にも認められる。「でも」を逆接の接続助詞ととらえ，それと「だって」が次の用例のように置きかえられることから，たとえば国立国語研究所(1951)のように「だって」を逆接の接続助詞や係り助詞と考える立場もある。

(37) することがない時 {でも／だって} 目玉だけはいつも動いていた。　　　　　　　　　　　　　　　　　　　　　　　　（思い出）
(38) 菓子は最中 {でも／だって} 羊羹 {でも／だって} いい。
(39) 子供は生まなく {ても／たって} 結婚5年になると，そのくらいは判った。　　　　　　　　　　　　　　　　　　（男どき）
(40) 彼女たちは，どんなにくたびれてい {ても／たって}，決してシルバー・シートに腰をおろさないでしょう　　　　　（男どき）

これらの用例では，いずれも「でも」「ても」と「だって」「たって」の置きかえが可能である。しかし，そもそも「ても」自体，その本義を逆接と考えることが妥当なのだろうか。山口(1995)は，「って」のもとと考えられる

「とて」と「ても」がどちらも古代語の時代から逆接，順接の仮定，順接の確定に用いられていることを以下のような例をあげて示し，「とて」「ても」を「逆接」とのみ解釈することは妥当ではないとしている。

(41) (逆接仮定の「とて」) 桜花ちらばちらなむちらず<u>とて</u>　ふるさと人のきても見なくに　　　　　　　　　　　　（古今　同1）
(42) (順接確定の「とて」) あづまの方に行きて住み所もとむ<u>とて</u>，ともとする人ひとりふたりして行きけり。（伊勢　同1）
(43) (逆接仮定の「ても」) わが身はいみじきいきほひになり<u>ても</u>，わが君をさるいみじき者の中にはふらかし奉りては，何心地かせまし。　　　　　　　　　　　　　　　　　　（源氏　同7）
(44) (順接確定の「ても」) ちかひ<u>ても</u>猶思ふにはまけにけりたがため惜しき命ならねば　　　　　　　　　　　　（後撰　同7）

本章の冒頭で「たって」「だって」の品詞用法が辞書に細かく分けて記載されていることを述べたが，「でも」にも複数の品詞の立てられることが多い[4]。しかし，「ても」「でも」を統一的に扱おうとする立場もないわけではない。「…しても」「…したって」「ても」「だって」を合わせて，「英文法などでいう「譲歩」concession に相当する」逆条件の形と考える鈴木(1972)は，「「…しても」の形は第二なかどめにくっつきの「も」をつけてつくられる。」(同361) と述べている。「でも」「ても」に含まれるテ形は，連用形ととるにせよ，接続助詞ととるにせよ，「て」には本来逆接の意味はなく，「も」は，「加える」のが本義である。星野和子(1986)は，「も」の数多くの用例にあたった結果から，「ても」について，「いわゆる逆接は(略)現象のうわべを見ただけの呼び名にすぎず，「ても」を逆接表現の接続助詞として立てるのは

---

[4] たとえば名詞に接続する「でも」に限っても，山田(1922)は，格助詞＋接続助詞と係り助詞，木枝増一(1937)は，係り助詞，接続助詞＋接続助詞，中止形「で」＋係り助詞か接続助詞，格助詞＋係り助詞，時枝(1950)は，限定を表す助詞，橋本(1959)は，係り助詞として扱っている。

妥当でない」(同 58–62)としている。星野によれば，次のような「(略)その上，戦争になったとき，そのカギをまわしても，たとえ，まわさなくても，何千何億の人が死に，地球がめちゃくちゃになることを知ってもいます。」という文において，「《カギをまわす》ことと《カギをまわさない》こととが同時に成立することはありえないから，その一方だけが「〈テ形〉モ」の形で表現されると，いわゆる逆接の文になる」と述べている。前田直子 (1993) も，「ても」はテ形が「も」によってとりたてられたものと考えた上で，「ても」の用法を「条件の並列 (＝並列条件)」と「条件関係の否定 (＝逆条件)」の二つに分けている。この両者を連続的なものだと考える前田は「並列条件として帰結に対して等価的に並べられた条件が，ある種の序列化を受け，通常ならば主節事態と結び付かないような事態が条件として選択された場合に，逆条件という解釈が生まれて来る」(同 163)と分析している[5]。

このように「ても」も本来逆接ではなく並列と考えることができる。こう考えた時，「だって」との違いはどこにあると言えるだろうか。まず，両者が同じように条件性を持つことは否定できない。Alfonso, A. (1974) は，「でも」が特定の時点をさす副詞とは共起しないことを指摘しているが，このことは「だって」にもあてはまる。

(45) あの人はさっき呼ん {*でも / *だって} 来ませんでした。

上の例から条件性を持たない事実文には「でも」「たって」とも使えないことがわかる。両者の条件の違いについては，「たって」は仮定条件に用いられ，「ても」は事実にも仮定にも用いられるということが言われる (たとえば，仁田 (1987)) が，次の例のように「たって」を事実条件に使うこともある。

---

5 前田 (1993) は，並列条件の用法が基本であるように思える「ても」が逆条件的に解釈されることが多い理由についても考察し，「条件文が (仮定的な事態の場合は特に)「並列条件」を含意として許さない，という事情があるためである」(同 163) と説明している。

(46) 会社へ行っ{ても・たって}, 仕事に{ならない・ならなかった}。
(47) いくら飲ん{でも・だって}, 酔わ{ない・なかった}。
(48) あなた{でも・だって}写せ{る・た}。

しかし,「だって」と「でも」に意味の違いがあることは明らかで, 寺村 (1991) は,「X ダッテ」は「X を無視, または軽視する, 相手の態度, または思い込みに反発するようなときに使われることが多い」(同 138) と述べている。本書では, この意味の違いは, 語形の違いからもたらされると考える。「ても」は連用形に接続し, 添加の「も」を構成要素とすることで例示の意味が強く, また,「この場合も」という序列化をもたらす。それに対して「だって」「たって」は, 言いきりの形を含んでおり, 言いきり形の持つ語調の強さが示される。「たって」「ても」は文の中での使われ方も共通するが, 次のように許可を求める文には,「たって」は使えない。

(49) 入{っても・*ったって}いい？
(50) 入{っても・ったって}いい。

この違いも, 添加の「も」と言いきりを含む語との違いから生じると考えられる。山口 (1995) は, 逆接仮定条件表現が, 近世から現代にかけて「とて」や「とても」形式より文脈依存度の高い表現である「ても」形式に標準化していき, 仮定性の明示には「いかに」といった不定詞や「たとへ」といった副詞を用いること等を述べている。こうした言語的変化を背景に,「たって」は終止形を受ける点で叙述性が示されること, また, 縮約形であることが意識され, 書き言葉では使用が避けられていると考えられる。

次に,「だって」の前が名詞の場合を考えてみる。

(51) a 暇だって 必要だ
　　　b *暇でも

　　　　　c　暇も
(52)　　おじさん a　だって　記録に挑戦するぞ！
　　　　　　　 b　?でも
　　　　　　　 c　も

(51)(52)のaでは，前件は後件の補語ともとれるが，それでもなお，「だって」がその条件性を保っているのに対して，「でも」は条件性を失う。次の「だって」の「だ」も，「でも」に置きかえにくい。

(53)　あなた{だって・?でも・も}雨に濡れた。

後件が状態性述語の場合は，表現される行為の序列化ができない。そのため，「でも」は不自然だが，「だって」では表現が成立する。「でも」に置きかえられないこうした「だって」の用法も多い。

(54)　どこにそんな金があるんです？預金だって少ないし，賭事はしないし，給料だって安いし―　　　　　　　　　　　　　　（三毛）
(55)　お袋だって土地を売ることには同意してましたよ。　　（三毛）
(56)　子供たちを危ない目に遭わせた犯人だって見つかっていないし……。　　　　　　　　　　　　　　　　　　　　　　　（三毛）
(57)　遊びたいのだって我慢して。　　　　　　　　　　　（会えて）

この種の「だって」は，主題を示す働きをしている。「って」の提題的用法を第3章4.4節で見たが，「だって」もそれと同じ働きをする。この「だって」の接続のし方は係り助詞に近く，意味は「も」や「さえ」に近い。
　次は，反対に「でも」が言えて，「だって」が成立しない例である。

(58)　すし{でも・*だって}取ろうか。　　　　　　　　　　（びっくり）
(59)　少し電話{でも・*だって}鳴ってくれると目が覚めるんだがね。

(三毛)
(60) 「四月で時期もいいし，夜 {でも・*だって} 習い物をしたらって言ってるんですよ。」と里子がきんに説明した。　　(寺内)
(61) 風邪 {でも・*だって} ひけばねえ，少しは色っぽい声になるんでしょうけど。　　(冬)
(62) こういう時，雪 {でも・*だって} 降ってくれたら，粋なのだが，あいにく……　　(冬)

テ形は並べたてるのがその中心的な働きだから，(58)では，取るものはすしでも鰻でもよく，たとえばとして「すし」をあげている。前田(1993)は，「ても」について「通常ならば主節事態と結び付かないような事態が条件として選択された場合」(同163)に用いられると述べているが，「だって」は，主節事態との結びつきを期待しない度合が，言いきりの形を含んでいる点で「ても」に比べて一層強く，そのため逆条件の意味が強まると考えられる。

　なお，「でも」では言えて「だって」が使えない場合として，次の例(63)〜(65)のように，「XはYである」の否定形「XはYではない」の「は」が「も」に置きかわった「でも」がある。

(63) こんな形でツユ子が恨みを晴らしているわけでもないのだが，しゃくにさわって仕方がない。　　(男どき)
(64) 巻子は恐縮したが，達夫は当り前といった風で，格別礼を言うでもなく，お茶いっぱい振舞わずに帰すこともあった。　　(男どき)
(65) この菓子は最中 {でも・*だって} 羊羹 {でも・*だって} ない。

「だって」の前が名詞の場合，「だって」は主題化するが「でも」はしないこと，「だって」は逆接の意味合いが「でも」以上に強いことが特徴としてあげられる。「だって」には「だ」による言いきりの強さがあり，「でも」は「も」による並べ立ての意味が強い。

5　接続詞の「だって」

「だって」は，次のように接続詞としても使われる。

(66) どうして医者を呼ばないんだ！
　　　── だって，タメさんがお医者様は絶対嫌だ，注射も駄目だっていうんですもの　　　　　　　　　　　　　　　　　　　　（寺内）
(67) お前，検眼してもらったほうがいいんじゃないのか？　あれが石津のボロ車に見えるんじゃ，かなりひどいぞ。
　　　── あら。だって，あの人，車を買い替えるようなこと言ってたのよ。　　　　　　　　　　　　　　　　　　　　　　　　（三毛）

萩原孝恵（2008）は，「だって」の使用には人間関係の遠近が作用していると考え，会話コーパスを使った分析を行っている。その結果，「だって」は，人間関係が近づくほどその使用が増えること，さらに，初対面では，「自分の発言に対する理由説明や相手の発言に共感して理由説明をする使い方が多いのに対し，友人以上の関係になると，相手の発言・思考領域に踏み込むような使い方や，察しを求めるような使い方が観察され」（同37）ると述べている。田中章夫（1984），趙華敏（2001），嶺田明美・冨田由布子（2009）は，「だって」に続く文の文末形式を観察している。嶺田・冨田は，談話，小説における出現例を調べ，「じゃない（じゃん）」「もの（もん）」等のモダリティ性の高い表現と共起することを指摘している。意味的な分析としては，蓮沼昭子（1995），それを受けての沖裕子（1995, 1997）の考察がある。蓮沼は，「だって」の用法を次のように分類している。

　a. 抗弁型：聞き手からの挑戦に対抗
　b. 挑戦型：話し手から聞き手に挑戦
　c. 補足型：対立が顕在しない文脈における話し手自身の立場の正当化
　d. 折衷型：bとcが融合したタイプ。聞き手との間に何らかの対立要素

があるが，同時に話し手が聞き手の立場を支持するような用法　　　　　　　　　　　　　　　　　　　　（同 269）

実際の用例を見てみると，ほとんどすべての用法がこの分類のいずれかにおさまる。また，蓮沼は，「だって」による正当化の意味について，「正当化の根拠となるものは，論理的根拠や話し手個人がもつ信念といったものではなく，物事のあり方，成り行き，人間の本性をめぐる世間一般の常識や経験的知識」（同 277）と述べて，正当化の根拠の内容を具体的に示した。沖（1995）は，蓮沼の四つの用法を共通にくくる一義的な意味説明をめざし，沖（1997）では，従来よく示される「だって」の用法とは異なる次のような例をあげ，従来の用法との違いを論じている。

(68) a　ごめん。遅れちゃった。
　　 b　だって，今日学校あったもんね。
(69) a　あっ，やってくるのわすれちゃった。
　　 b　だって，aちゃん忙しかったでしょう。　　　（同 119）

相手の意図に反する主張という従来の解釈にあたるものを旧用法と名付け，(68)(69)にあげた相手の身になって考える「共感談話」「気配り談話」という用法を新用法として，二つの用法について発話状況を加えて次のような解釈を示した。

旧用法：[状況 N：　a；b に勉強させたい
　　　　　　　　　 b；勉強するのがいやだ]
　　　　a「試験前だから勉強しなさい。[X]」
　　　　b「(勉強しない。[P])だって，疲れちゃったんだもの。[Q]」
　　　　　　　　　　　　　　　　　　　　　　　　　　（同 121）

新用法：[状況 N： a； a は謝りたい。
　　　　　　　　b； a を受け入れたい。]
　　a「ごめん。遅れちゃった。[X]」
　　b「(しょうがないよ。いいよ。[P]) だって，今日学校あった
　　　もんね。[Q]」
　　　　　　　　　　　　　　　　　　　　　　　　　　（同 122）

「だって」が発話される時に，そこに隠された話者の論理，上の説明では状況 N を解釈にとりこんだ点で，「だって」の構造はとらえやすくなった。また，相手の意向に反する主張と共感談話という二つの用法を区別することも「だって」の意味，用法を理解するのに有効だと思われる。ただ，我々が「だって」を使う時に，この二つの用法を区別して使い分けているという意識はないから，分類した上で再度「だって」の基本的な意味を一つに集約することが望ましいと考える。そして，沖があげる二つの用法は一つに集約することが可能だろう。すなわち，旧用法では話し手と聞き手が対峙しているわけだが，新用法においては，聞き手が話し手の側に立って我々という立場で，社会通念を含む外の状況と対峙していると考えることができる。そのように考えれば，二つの異なる用法があるのではなく，基本的には一つの用法として解釈できる。また，沖の説明では，（　）に入れた部分が省略され，それを受けて「だって」が発話されるように見えるが，「だって」が発話される前提は，もう少し前にあるように思われる。沖（1997）において，井上優氏のコメントが本文中に紹介されている。次のようなものである。

〈前提〉
　子供は勉強していない。（P）
〈P に対するコメント 1〉（異議申し立て）
　「試験前だから勉強しなさい。」（母）
〈P に対するコメント 2〉（正当化）
　「だって，疲れちゃったんだもの。」（子）　　　　　　（同 122）

筆者も基本的に「だって」の意味するところをこのように考える。この説で注目したい点は，一つは，前提が子供が勉強していないという事実に置かれていること，もう一つは，母も子もその同じ前提Pに対して発話している点である。すなわち，従来言われてきた母の発話に対する子の対応という関係で「だって」が発話されるのではないと考える。場合によっては，母のコメントはなくてもよく，勧誘か意向表現で「もう勉強やめて遊ぼう。だって，疲れちゃったんだもの。」と言ってもよい。沖が新用法とした用法については，次のように考えることができる。

〈前提〉
　Aが遅くなった。（P）
〈Pに対するコメント1〉（謝罪）
「ごめん，遅れちゃった。」（A）
〈Pに対するコメント2〉（正当化）
「だって，今日学校あったもんね。」（B）

従来「だって」を引きだすとされてきた発話のさらに前に前提を置いて考えると，二人のやりとりによらない一人発話の「だって」も説明できる。「だって」がこのように用いられるのは，「だって」の「だ」が，その場の事態，聞き手の発話，話し手自身の行動を受けての代用表現であることによる。また，引用の「って」を構成要素にしていることから，意味的には次のように「どうしてって」「なぜって」に近い。

(70)　今日は車で来た。{どうしてって・だって} 遅れそうだったから。
(71)　母：勉強しなさい。（勉強していない現実がある。）
　　　子：{どうしてって・だって} 疲れちゃったんだもん。

(71)で母が「勉強しなさい」というのは，勉強していない現実に対する非難から発せられたものである。その現実があるから，子はあえていやだとい

うことを言わなくてもよい。

　接続詞の「だって」が「でも」と異なる点は，「でも」は文中の用法と同様に並列関係を意味するから，話し手の述べることがらを相対化させ，主張を弱める。一方，「だって」は事態を「そうだとして」と陳述性の強い終止形で受けることによって，ことがらに向き合うことになり主張が強まる。接続詞は，それ自体に論理が含まれているので，後続文がなくても話し手の意図は理解される。特に逆接の意味を含む接続詞，「でも」「ただ」「けど」等は単独でも発話されやすい。この「だって」も同様で，「早くやんなさい」「だってえ」のように，「だって」だけで話し手の逆らう姿勢が示される。「だってだってだって」(作詞：タカノン) と，それだけで歌のタイトルとして存在すること等からもモダリティ性の高いものだと言える。なお，この場合のモダリティは，日本語記述文法研究会編 (2003) によるモダリティの分類の中の「文と先行文脈との関係づけを表すもの」にあたると考えられる。

6　終助詞の「だって」

　この第4章では，「だって」「たって」という語形に着目して，引用と逆接という用法の違いが，それぞれの統語的条件によって生じることを述べてきた。「だって」「たって」は次の例のように，文末でも使われる。

　　(72)　アイヌ語で"けんか"ってイミだって。　　　　　(びっくり)
　　(73)　なんとか先生のとこ原稿取りに行って，そのまま，帰るそうですって　　　　　　　　　　　　　　　　　　　　　　　　(蛇蠍)
　　(74)　ボールは100メートルも飛んだって。
　　(75)　ああ，やられるかなと覚悟したら，「まあいいや，おごってやるよ」だって。　　　　　　　　　　　　　　　　　　　(コマネチ)

　こうした文末における「たって」「だって」はいずれも引用・伝聞の意味を持つものである。これについては第6章で詳しくとりあげる。

7 まとめ

　接続詞の「だって」が存在することから，意味的にも関連するいわゆる逆接の「だって」「たって」を一語とみなす立場もありえる。しかし，「死んだって行くもんか」という文を「死ん＋だって」と解釈するのは不適切で，「死んだ＋って」と解釈するのが自然である。さらに，「って」の語形の共通性，「って」のもとの形「とて」が順接と逆接の用法を持っていたことから，本書では，「だって」「たって」のいわゆる引用と呼ばれる用法も逆接と呼ばれる用法も，同じ語形が使われ方によって異なる用法を示すと考えた。「怪我したって知らない」「病気だって言えない」のように引用にも逆接にも解釈できる文があるが，逆接の場合には「だって」「たって」の前件に，明示されていなくても対比される存在がある。「私だって知らなかった」や「病気だって悪くはない」の「だ」には，叙述性が失われずにあることは明らかで，この点からも「だって」を助詞とするのはためらわれる。

第 5 章

提題の「って」「ってば」「ったら」

1 引用と提題

「って」「ってば」「ったら」は，次のように提題を表すことがある。

(1) 「あたしこのごろ，少し酔うと泣き上戸になるようなの，としだわね」「としだって，幾つになるんだ」　　　　　　　　　　（さぶ）
(2) 克己ってば，すごく不機嫌な顔してる。　　　　　　　（会えて）
(3) 「珠美ったら，無茶言わないでよ」と夕里子がたしなめた。
　　　　　　　　　　　　　　　　　　　　　　　　　　（三姉妹）

本章ではこうした用法について，関連する語とも比較しながら考えてみたい。
　上の(1)～(3)の用例では，「って」「ってば」「ったら」をほかの語に言いかえることができない。逆に，次の「と言えば」を「ってば」に変えると自然さに欠けるようだ。

(4) 冷蔵庫 {といえば・??ってば} 奥から緑色の水の入ったビニール袋が出て来た。　　　　　　　　　　　　　　　　　　　（思い出）

次の例では,「って」「ってば」「ったら」を引用の形に言いかえることができる。(5)を「というのは」,(6)を「と言えば」,(7)を「と言ったら」としても不自然ではない。

(5) 谷川岳｛って・というのは｝どこにあるんですか。
(6) 寒い｛ってば・と言えば｝寒い。
(7) 俺が来い｛ったら・と言ったら｝来い。

このように,「って」「ってば」「ったら」には,引用の意味で使われる場合と,提題に近い用法とがあるということになる。なぜこうしたことが起こるのか,その理由は,先の用例(1)や次のような用例に示されていると考える。

(8) A：お式は,いつなの？
　　 B：さあ
　　 C：さあって,式あげないのか　　　　　　　　　（蛇蠍）
(9) （略）についてお上の調べはどうなった。
　　 ― どうなったって,かいもく手がかりがつかめないので,どうにもならないということですよ。　　　　　　（秘密）
(10) うなぎ屋の角を曲がるって,うなぎ屋がないんだ。
　　　　　　　　　　（話し手は携帯で話している。筆者の街での採取例）

上の用例で,「って」節の前は人の発話を引用していて,言葉そのものを問題にしている。しかし,続く主節は状態を叙述する文で,「って」節の定義,説明をしているわけではない。「って」節と後続する節との関係は文脈にゆだねられていて,適当な言いかえ語もない。あえて言えば(8)(9)は「さあというか／どうなったというか,それは〜」,(10)は「うなぎ屋の角を曲がるというが,そのうなぎ屋がない」ということになり,「って」節は提題を表しているとしか言えない。第3章で述べたようにテ形の接続の自由なことがこのような結びつきを可能にしていると考えられる。

なお,「ったら」「ってば」には次の(11)～(13)のように固定化,慣用化した表現がある。

(11)　いらないったらいらないんだよ！　　　　　　　　　（蛇蠍）
(12)　おめえにゃあ明日があるんだ,寝ろったら寝ろよ　　（さぶ）
(13)　でも美味い物食べ歩きするには,足りないって言えば足りない。
　　　　　　　　　　　　　　　　　　　　　　　　　　　（病理）

この同語の反復用法において「ったら」と「ってば」にはわずかながら意味の違いが感じられる。

(14) a　うるさいったらうるさい。
　　　b　うるさいってばうるさい。
(15) a　お金が足りないったら足りないんだ。
　　　b　お金が足りないってば足りないんだ。

完了を含む「ったら」の場合は,「～と言ったら本当に～だ」と,言いたいことを強めるために同じ表現を繰り返している。一方,仮定形を含む「ってば」は,「～と言えば～と言えないこともない」とむしろ発話の内容を弱めている。ただ,いずれも話し言葉で用いられるものだから,次のようにイントネーション等で「ったら」と同様の強めの意味にすることもできる。

(16)　いらないってばいらないんだ！

「ったら」の後ろに,「ない」形が来る場合もある。これも,「ほかにはないほど～だ」という意味で,同じ表現を繰り返す場合と同じ効果を持つ。

(17)　それで,その喜びようったらないんだよ。　　　　　（梅安）
(18)　その教え方の厳しさったらなかった。　　　（日経1995.7.5.）

(19) 暗くなった機内で映画を見ながら一人それを食べる快感ったらない。　　　　　　　　　　　　　　　　　　　　（朝日 1995.7.5.）
(20) なんでわかったの？　人が悪いったらありゃしない。　　　（龍）

2　提題「って」の周辺

2.1　「って」と「は」「というのは」

2.1 節では「って」を中心に，「って」と「は」「というのは」を比べてみる。

(21) 人間{は・っていうのは・って}どうしてこんな矛盾に満ちた存在なのか。
(22) 流行{は・っていうのは・って}誰がつくるんですか。

この二つの用例の「って」は，「は」「って(と)いうのは」に言いかえることができる。しかし，「は」は指示しているものが特定できる場合にのみ使え，一方「って」「っていうのは」は定義文だから，両者は意味合いが異なる。引用形式を含む「って」「っていうのは」は，話し手にとって問題にしていることがらの概念がいまだ明確でなく，話し手のもとに引き寄せられてはいない状態にあると考えられる。そのため，すでに渡辺誠治（1995b）が「発見」という言葉を使っているが，「って」を用いるためには「新たな発見」が必要である。渡辺（1995a, 1995b）は，「太郎は賢い。」という場合，話者は太郎についての知識をあらかじめ持っている必要があり，「ハ」の機能は，「ある要素 x をめぐって話者が記憶している属性の束からの情報の取り出し」を示し，一方「ッテ」は「x に関する属性 y の取り入れに関する形式」(同 1995b: 107) であると述べている。また田窪行則（1989）は，「N って」について「記号の名前だけが定義されており，記号の意味，指示対象のうちどちらか，あるいは両方が定義されていない要素を表す形式」(同 226) と述べている。「私って馬鹿ね」という定義付けとはいいがたい表現もあることから，

「って」には定義付け以外の用法もあると考えるが，定義付けの用法は「は」にはなく「って」「っていうのは」でしか表現されない。牧典子 (1996) は，「は」は「離れた文末の用言に対しても力を及ぼすことができ」るが，「って」は「「て」の作用が下接部との単なる接続であるため，「は」に比べると述部とのかかわりが弱い」(同 104) ことを指摘している。こうした知見を踏まえると，ここでとりあげている「って」は，話し手があることがらについて，新たな情報をとりいれていく過程で用いる形式だと考えられる。

「って」と「っていうのは」は，文体差を考慮しなければほとんどの場合に言いかえが可能だが，次の用例のうち，(24) では言いかえが不自然である。

(23) 『リファイナリー』{って・っていうのは}，どういう意味ですか。
(知恵袋)
(24) そういやこいつら{って・*っていうのは}，所属どこなんだろう？
(ブログ)

現前に存在するものを指示する場合には，定義文を用いて言及することはしない。そのため，定義文であることが明らかな「っていうのは」は使いにくいのだろう。「って」にこうした用法が可能なのは，「って」節が定義文であることを明示せず，言葉そのものをとりあげているからだと考えられる。

2.2 「って」と「なら」

益岡・田窪 (1992) は，提題助詞として「は」「なら」「ったら」「って」等をあげ，「なら」については「相手が持ち出した話題を主題として情報を与える場合に用いられる」として次の例をあげている。

(25) 甲：ドイツ語の通訳さがしているんだけど。
乙：ドイツ語なら，山田さんがいいですよ。 (同 150)

日本語記述文法研究会編 (2009) は，「なら」の用法としてこれに加え，動作

や様子から聞き手の意図を推察して情報を述べる場合をあげている。

(26)　［人を捜している様子の聞き手に］部長なら，もう帰られたよ。
(同 244-245)

また，鈴木義和 (1992) は，次のような用例から，対立する事態が想定できない場合には，「なら」が使えないことを指摘している。

(27)　これ {は・*なら} 驚いた。
(28)　お前 {は・*なら} 帰れ。
(29)　あの人 {は・*なら} 誰ですか。　　　　　　　　　　(同 10)

こうした「なら」の特徴は，「なら」が条件を表すからだと考えられる。これらの用例は，三上 (1960) の言う「なら」が「相手から話し手に移りつつある題目，条件付きの題目」であり，「は」は「すっかり話し手のものになっている題目，無条件の題目」(同 165) という解釈とも一致する。では，「は」「なら」と「って」の違いはどう説明できるだろうか。

(30) a　田中さんはすごい人だ。
　　 b ?田中さんならすごい人だ。
　　 c　田中さんてすごい人だ。

用例 (30) はいずれも成立するが，文脈は異なる。概略的に述べれば，「は」は既知情報からのとりだし，「なら」は既知情報からの条件付きとりだし，「って」は情報のとりいれと言える。次の3節で，情報のとりいれである「って」と，情報のとりいれであり条件形でもある「ってば」「ったら」の統語的な違いを観察することにする。

3 提題の「って」「ってば」「ったら」

「って」「ってば」「ったら」に共通するのは、いずれも引用の「って」を含む点である。一般に、用言が「と言う」という引用句内で用いられる時、直接話法の場合を除き、その用言には叙述性がなくなり、概念しか表さない。「彼は北海道へ行きたいと言った。」や「彼はきっと勝つと言った。」という文において、引用されている用言には叙述性があるが、引用の「と」があることで文全体の中ではその叙述が想定されたものにかわる。そしてさらに、その概念化されたことがらにおいて言葉自体が問題にされる場合がある。Jakobson, R. (1980) は、言語の機能の一つにメタ言語的機能をあげている。それによれば、「言語そのものの外にある事象について語る」「対象言語」に対して、「メタ言語」は「言語コード自体について語るための言語」[6] (同 1984: 108–109) を言う。提題の「って」はまさにこの機能を持つものである。

「って」「ったら」「ってば」を比べると、「って」は、述部に状態述語が来て、主題の定義付け、説明、あるいは主題の属性を述べるのが普通である。次の (32) a のように、動作を叙述する文は、b のように、それが習慣であるといった特別な文脈がない限り不自然である。

(31)　　田中 {は・って・ったら} 面白いやつだ。
(32) a　田中 {は・*って・ったら・ってば} 今ご飯を食べている。
　　 b　田中 {は・って・ったら・ってば} 毎日学食でご飯を食べている。

また、「ってば」「ったら」が主格しか受けないのに対して、「って」は、「私は牛肉 {は・って・*ったら} 食べない。」「私は沖縄 {は・って・*ったら} 行ったことがない。」と主格以外の対象を示す助詞を提題化できる。「った

---

[6] Jakobson (1980) が述べている「メタ言語」は定義文のことを指しており、今日、たとえば杉戸清樹 (1983) の表現内容そのものにまえおきや注釈を加える言語行動をメタリンガルな機能と呼ぶのとは異なっている。

ら」「ってば」はもともと条件節だから、助詞のとりたてはできない。「ったら」「ってば」は、定義付けをするという点では「って」「というのは」「とは」と共通するが、条件という点では「なら」と共通するところがある。次は、益岡・田窪 (1989) が「なら」の例としてあげているものである。

  (33) 甲：田中さん見なかったかい。
     乙：田中さんなら、図書館で勉強してたよ。   （同 134）

この乙文は、「ったら」「ってば」に置きかえることができる。ただし、次のような文脈が必要である。

  (34) 田中さんは勉強やる気がしないんだって。
     ― でも田中さん{たら・てば}、きのう図書館で勉強してたよ。

条件形であることによって、「ったら」「ってば」はあえてそのことをとりあげるという意味合いを示す。また、「ば」は仮定性が強いため、後件には意志、命令表現が現れにくく、一方、「たら」には「ば」にはない時間的継起関係があって仮定性が弱いため、後件の制約が少ない。次の用例 (35) では、「たら」は成立するが、「ば」は成立しにくい。

  (35) 俺が来い{ったら・?ってば}来い。

4　「って」「ってば」「ったら」の用法―定義と評価―

 提題助詞の働きをする「って」の用法には異なるものがある。丹羽哲也 (1994) は「って」の用法について、大きく「言葉そのものを問題にする文」と「言葉によって表される事物を問題にする文」に分け、次のような用例をあげている。

(36) a 「MMCにしよう。」「MMCって何？」
　　 b 　人間って愚かなものだ。　　　　　　　　　　　　（同 28）
(37) a 　ニンゲンって地球の生物のこと？
　　 b 　人間って本当に高等動物なのかな？　　　　　　　（同 36）

いずれも a 文が「言葉そのものを問題にする文」にあたり，言葉の意味が問題にされている。b 文は「言葉によって表される事物を問題にする文」で，丹羽はこれを属性を表す場合と存否を表す場合とに分け，両者を内容のとらえ直しという言葉でまとめている。丹羽の用例を見ると，b 文の「って」は「は」に言いかえられ，a 文の「って」は言いかえられない。しかし，言葉そのものを問題にする a 文の「って」は「というのは」には言いかえられる。ここでは「ったら」「ってば」も含めて，これら三語の用法を大きく「定義」と「評価」に分けて考えていく。丹羽は，評価という言葉を a 文の述部の属性の一つに用いているが，「定義」はいわゆる定義付けに限定し，それ以外をここでは「評価」の用法とみなす。

①定義の「って」「ってば」「ったら」

(38)　青春って何なのでしょうか。青春って若者だけに与えられる表現なのだろうか。同世代の皆さん，教えて下さい。
　　　　　　　　　　　　　　　　　　　　　　　　　（朝日 1994.5.1.）
(39)　シオドキってのはどういう意味だ。　　　　　　　　　　（隣）
(40)　「大人のはなしに，子供はクチバシ，入れないの」「子供って，いくつまで子供なの」　　　　　　　　　　　　　　　　（阿修羅）
(41)　おりるったら，やめることだ。
(42)　原子爆弾ったら，危険なものだ。
(43)　田中ったらあの総務の田中か。

これらの文では，「ったら」と後件との関係が主題と述部の関係にあり，全

体で一つの文をなしている。こうした「って」「ったら」は，後ろに定義付け，説明の述語が来て，「って」「ったら」の前の語の定義，説明を表す。この場合には「って」「ったら」を「とは」「というのは」で言いかえることができる。

②評価の「って」「ってば」「ったら」
　物事の属性を述べる時に「って」「ってば」「ったら」を使うと，その物事についての評価が示される。前に来る語は人称代名詞の場合が多いが，それらは，大きく1）第三者およびことがら，2）話し手，3）聞き手，の三つに分けられる。

1）前に来る語が第三者およびことがらをさす場合

　　（44）　本当にこの頃の教師ったら，不真面目でいやになるよ。ちっとも教える意欲がないんだから。　　　　　　　　　　　（太郎）
　　（45）　一つ拾いにそろそろあるく格好ったら，ほんとに見られたもんじゃなかったわ　　　　　　　　　　　　　　　　　（さぶ）
　　（46）　うちのママったら，何でも楽しんじゃう人だから，買物にでかけたらでかけたで，二時間くらい帰ってこないの。　　　（太郎）
　　（47）　そいつったら大酒のみで，乱暴者で……　　　　　　（死んでも）
　　（48）　あの人ったら，しつこいんだからね，全く！　　　　（女社長）

上の例はいずれも「ったら」が使われているが，「って」「ってば」による表現も可能である。「定義」の場合と異なり，「は」に言いかえられる。「というのは」への言いかえは，用例（46）～（48）のように，これらの語が話し手の身内であったり指示詞によって特定される場合にはできない。

2）前に来る語が話し手をさす場合

(49) あたしたちってやっぱり縁があるのかな。　　　　　（おこげ）
(50) そう言った後，母は口に手をあててふふふ，と笑った。「私ったら詩人ね。」　　　　　　　　　　　　　　　　　　　　　（つぐみ）
(51) でも，私が悲しんでいるのを見ていた父が，私の誕生日に，柴犬の子犬を買ってきてくれて，そうしたら，私ったらすっかり喜んでしまって。　　　　　　　　　　　　　　　　　　　（病理）

　前に来る語が話し手自身をさす場合は，自身を外から見ているような感じになる。

3）前に来る語が聞き手をさす場合

(52) あんたって，やっぱしオコゲなんだ。　　　　　　（おこげ）
(53) 姉さんてばいつもあたしのまねばかりするのね，じゃましないでよ　　　　　　　　　　　　　　　　　　　　　　　　　　（さぶ）
(54) 依子ってば，そんなにあきれなくったっていいじゃない（会えて）

用例(52)において「あんたは」でなく「あんたって」と発話することで「あんた」を観念化し，対象との間に距離をおくような感じを与えている。用例(54)は，主節が命令文に近い。こうした場合，情報のとりこみが中心である「って」には言いかえられない。
　「ったら」には，次のように主節たる後件が言語化されない場合もある。

(55) 姉がまた「そのちゃんったら」とたしなめ，徳兵衛は無関心に手を振って，「うるさい，すきなようにしろ」と云った。　　（さぶ）
(56) 兄「石津の奴ならやりかねない」
　　 妹「お兄さんったら」　　　　　　　　　　　　　　（三毛）
(57) 直子「特売のシャンペンにしちゃ，いい音してたじゃない」
　　 父「なんだ，特売か」

母「やあねえ，直子ったら……」　　　　　　　　　　　（冬）

前に来る語が聞き手をさす場合は，全体に，佐久間鼎（1956=1983：250）が言う「あきれたものだ」という意味合いが感じられる。益岡・田窪（1989）は，「ったら」の前に人称が来る場合を例にあげ，「行動の観察をもとにして，その評価を与える場合に用いられる。」（同134）と述べている。こうした現に目の前に存在する人に呼びかける場合には，人が特定されるので，本来引用を用いた表現は必要ない。しかし，「言う」の条件形があることで，あえてそのことを話題にするという意味合いが生じ，その人の行動，性格に対する驚きが示されると考えられる。マイナス評価の用法が多いが，次のようにプラス評価の文もないわけではない。その場合にも驚きの意味合いは生じている。

(58)　君ったらやさしいんだね。
(59)　田中さんったらすてき！

5　終助詞的な働きをする「って」「ってば」「ったら」

「って」「ってば」「ったら」には終助詞的な用法もある。先に第3章の4.5節で「って」についてはふれたが，「ってば」「ったら」にもそうした用法がある。これらの用法が終助詞に近いと考えられるのは，文末でイントネーションが下降し，条件形にもはや活用形として文を接続する働きがなく，意味的にも文の叙述内容に関わっていないからである。この「って」「ってば」「ったら」の用法は，どういう文に接続するかによって次の二つに分けることができる。

①平叙文に接続する場合

(60)　A：「ねえ，ガラス，あぶない」

　　　　B：「大丈夫だよ」
　　　　C：「あぶないっ<u>たら</u>」　　　　　　　　　　　　　　　　　（隣）
(61)　A：「早く来ないと，ガードマンに見つかるぜ」
　　　　B：「わかってる<u>ってば</u>！」　　　　　　　　　　　　　（三姉妹）
(62)　A：「……今度の嘘はちょっと心動かされたわ」
　　　　B：「ほんとだ<u>ってば</u>」　　　　　　　　　　　　　　　（月は）
(63)　「一度お会いしたいもんですね」
　　　　「母とですか？　会ってどうなさるおつもりなの？」
　　　　「いや，内灘での暮らしを詳しくお聞きしたいなと思いまして」
　　　　「ですから，詳しいことは何も話したがらないんです<u>ってば</u>」
　　　　　　　　　　　　　　　　　　　　　　　　　　　　　（砂冥宮）

これらの用法は，いずれも初出文ではなく，前の発話を受けている。意味的には「抗弁」を表す。「ったら」「ってば」がなくてもイントネーションによって同じ表現効果をあげることができる。

②命令文に接続する場合
　先に第3章4.5節で，「そう言うな<u>って</u>。」といった，自らの発話を宣言のように表現する用法が「って」にあることを観察したが，この用法は「ってば」「ったら」にもある。

(64)　ふざけないで<u>ったら</u>。　　　　　　　　　　　　　　　（死んでも）
(65)　「よせ<u>ったら</u>，さぶ」と栄二が云った。　　　　　　　（さぶ）
(66)　まあお待ちよ，乱暴だねえあにさんは，待って<u>ったら</u>。　（季節）
(67)　おあがんなさい<u>ってば</u>，寒いわよそんなところに立ってちゃあ
　　　　　　　　　　　　　　　　　　　　　　　　　　　　　（さぶ）
(68)　おばあちゃん，およしなさい<u>ってば</u>　　　　　　　　　（寺内）
(69)　ねえ，何をたのまれなす<u>ったら</u>　　　　　　　　　　　（待ち伏せ）

これらの文は「ってば」「ったら」を削除しても命令文だが，命令のだめ押しをしている感じがある。最後の用例 (69) は，疑問文だが，答えを要求している点では命令の働きをしている。

6 まとめ

　本章では，「言う」の条件形である「ってば」「ったら」が「って」と同様に引用の意味，働きを残しつつ提題や終助詞としても使われることを観察した。提題の「って」「ってば」「ったら」では，後件が人や事物の属性を言い表す状態性の述語となっている。前に接続する語は，第三者およびことがら，話し手，聞き手に分けられるが，「珠美ったら　無茶言わないでよ」と聞き手を受ける場合には，マイナス評価の文の来ることが多い。提題の「って」「ってば」「ったら」は，いずれも言語コード自体について語る働きを持つ点が係り助詞の「は」「なら」と異なる。「は」の働きが既知情報からのとりだし，「なら」は既知情報からの条件付きとりだしであるのに対して，「って」は新たな情報をとりいれていく過程で用いられる形式だと言える。

第6章

「って」の体系

　第3章では「と」と対比しながら「って」のふるまいを観察し，第4章では逆接とみなされる「だって」「たって」を，第5章では「って」「ってば」「ったら」の提題用法について述べた。この章では，さまざまな形をとる「って」の，それぞれの構文的条件とその意味を明らかにしつつ，これまでとりあげてきた「って」が全体として一つの整った体系をなしていることを示したい。

1 「って」の語義

　「って」には，大きく分けて「引用」と「逆接条件」の二つの用法があるが，この二つの用法は『源氏物語』にもすでに見られる。

（1）「見奉りてくはしく御有様も奏し侍らまほしきを，待ちおはしますらむを，夜ふけ侍りぬべし」<u>とて</u>急ぐ

（桐壺　此島 1973：150）

（2）この人の宮仕の本意かならずとげさせ奉れ。われなくなりぬ<u>とて</u>，口惜しう思ひくづほるな　　　　　　　（桐壺　同 150）

(1)の「とて」は「引用」，(2)は「引用」にとることもできるが，「逆接条件」ともとれる。「と」には，「AとB」という場合の並立助詞や，「ゆっく

りと」等の様態副詞の構成要素となる用法もあるが,「って」にも共通する「と」の基本的な用法は,「引用」と「逆接条件」である。一方で,「って」は,連用形という形をとっているために,接続のし方の自由度が高い。「とて」から変化した現代語の「って」は,「と」の持つ「引用」「逆接条件」という基本的な用法に加えて,のちに見るようにさまざまな派生用法を持つが,これは,文の中での続き方が自由で,文内の異なる位置に現れることができる連用形「て」の性格によるところが大きい。まず,森重敏による研究を見ておきたい。

2　森重敏による「って」の分析

「って」については,古くは,佐久間(1956=1983)が「って」「ってば」「ったら」について,その終止助詞,係り助詞用法を,また,「たって」の接続用法をとりあげている。「って」の用法を個別に論じたものはこのほかにも多いが,その中で森重(1954)はさまざまな「って」を体系的にとらえている。ここでは「って」の体系性を問題にしたいので,森重の研究を特にとりあげることにする。森重は,「って」「ってば」「ったら」をとりあげ,の

表6-1　森重の分類

「いう」の主語	文例	意味	品詞
特定の第三者	お上手だってほめてたわ。	引用	動詞+接続助詞
不定の第三者	君は絵の方もやるんだってね。	伝聞	助動詞
聞き手(一般)	なんですって?	反芻的反問「というか」	助動詞+係助詞
聞き手一般	だれかって,きまっているよ。	反復「というか,それは」	接続助詞/接続副詞
話し手一般(全体者性)	早くしろってば。お父さんって。	喚体	終止としての係助詞
全体者	お姉さまってばだめよ。	「は」	係助詞
全体者	クウってうちの犬だよ。	「とは」「というのは」	係助詞

ちに森重 (1965) においても，これらの語を森重独自の文法論の中に位置づけながら再度まとめている。表6-1は，両論考の内容を筆者なりにまとめたものである[1]。表中の全体者は，話し手聞き手を区別しない主語を意味し，「　」内は，置きかえうる語である。

　森重の分析で注目されるのは，「いう」の主語が誰かという観点から「って」の用法の違いを考えている点である。すぐれた考察と思うが，森重の文法論にとっては，こうした分析方法は，当然のことだったのだろう。森重は，文は主語，述語の相関，"S − P"としてとらえるべきだと言う。もしそうとらえられない時には，SあるいはPが変化しているのだから，その成りたちが明らかにされなければならない，こうした立場から注目された述語の一つが引用動詞であり，引用の「と」「って」だった。二つの句からなる文の構造をS − P = S′ − P′とすると，表のたとえば「君は絵の方もやるんだってね。」という文は，「(君は絵の方をやる)んだって。」と考えられるから，二つ目の主語が省略されたS − P =(S′) − P′という構造を持っているということになる。「って」はこうした主語，述語の消去と呼応して，表の右端の品詞欄に示されているように，動詞，助動詞相当から係り助詞相当へと用法を変えていく。森重は，この変化の一番の要因は，「いう」の主語が表の上方にある特定の第三者から表の下方の，個別の話し手聞き手を区別しない全体者へと変化することにあり，この変化につれて主語述語が一般化し，もともとは動詞性を含んでいた「って」が係り助詞的になると考えている。

3　「って」の範囲

　本書では，第4章で述べたように「って」の範囲に引用だけでなく逆接条件の「って」も含める。その理由として，①「引用」「条件」ともに「とて」が起源と考えられること，②語形と意味に共通性があること，すなわ

---

[1] 森重の1954と1965の研究には，「いう」の主語や意味に関して異なる点がある。また，ここにまとめたもの以外に森重がとりあげている「って」の用法もある。ここでは1954を中心に関係するところをまとめた。

ち,「引用」では,ある発話,思考が異なる場に持ち込まれ,持ち込まれた時点で,もとの発話,思考は現実ではなく想念になるが,「条件」においてもある考えが想定されること,があげられる。また,どちらも係り助詞的用法を持つ点でも共通する。

表6-2 「って」の引用と逆接用法

	引用	逆接
行ったって　聞いた。	○	
行ったって　信じられない。	○	○
行ったって　かまわない。		○

表6-2の三文それぞれの意味は,「って」節と主節の意味関係とその文をとりまく文外の状況からもたらされており,「(た)って」自体にもともと逆接の意味はない。森重(1954)は,引用に関わるものだけをとりあげているが,森重(1965)では,副助詞として「といふとも＝にありとも＞であっても＞だって(でも)」の変化をあげており(同180),名詞に下接する「だって」について,引用と条件用法の間に関連性があることを述べている。

ここでは,文に現れる位置,主節の述語の種類,「って」が受ける節の発話者等の統語的条件によって,「って」がさまざまな用法を持つことを示す。まず,「って」の用法を引用,逆接に大別し,さらにそれぞれをいくつかの下位用法に分類する。すでに第3章と第4章でとりあげたことも含まれるが,本章では用法の広がりと体系性を見ることを主眼にする。はじめに,「引用」の用法から見ていくことにする。

4　「引用」の「って」「だって」

第3章では引用の「って」が文内で用いられる位置と接続する品詞によって異なる用法を示すことを見た。ここでは「って」の引用の用法を意味の面からもう少し細かく分けて考えたい。具体的には,①引用,②反復,③話題の引き込み,④伝聞,⑤言いつけ,⑥問い返し,⑦訴えかけの七つに分

ける．以下，順に見ていく．

4.1 引用

　引用は，実際に行われた発話，思考行為があって，それを異なる時点の話に持ち込む働きと言える．発話，思考は実際に行われたものだから，当然，発話，思考の主体が特定される．また，対応する発話，思考動詞のあることが多い．この場合「って」は「と」に言いかえが可能である．「と」への言いかえは，この引用の「って」の場合にしか起こらない．

　　（3）　あのとき傘をさしてけって，うるさく云った子がいたっけ．
　　　　　　　　　　　　　　　　　　　　　　　　　　　　　　（さぶ）
　　（4）　少しだまってとかってどなるだけ　　　　　　　　　（季節）
　　（5）　お互いにこれが自分のとうちゃんだ，これはおれの子だって，しんから底から思えればそれが本当の親子なのさ．　　（季節）

次のように，引用動詞が現れない用例もある．

　　（6）　仕事が終りしだい戻って来るって，本町のお店とかへいったわ
　　　　　　　　　　　　　　　　　　　　　　　　　　　　　　（さぶ）
　　（7）　もうおめえはいかなくてもいい，って親方から仕事を外されちまいました　　　　　　　　　　　　　　　　　　　　（さぶ）
　　（8）　うかがいたいことがあって来たって，取り次いでくれ　（さぶ）

ここでも「って」と「と」の言いかえは可能である．また，引用の意味で，「って」ではなく条件形が用いられることもある．

　　（9）　あのときってえばわかるだろうが．　　　　　　　　（季節）
　　（10）　いいったら，（略）しんぱいするなよ　　　　　　　（さぶ）

名詞に接続する場合も，用法自体は引用に含まれると考える。

(11)　いまさらって気もするけど……　　　　　　　　（阿修羅）
(12)　こんなに世話してますってとこ，見せたかったんじゃないの。
　　　　　　　　　　　　　　　　　　　　　　　　　　　（隣）
(13)　行くってな話は聞いてない。

また，用例は採取していないが，筆者には次のような引用の並列表現「ったり」も可能だと思われる。

(14)　行くったり，行かないったり，どっちなんだ。
(15)　行けったり，行くなったり，わけがわかんない。

さらに，次の「だからって」も引用に含める。

(16)　ちんばだからって寄場人足に変りはねえだろう　　（さぶ）
(17)　どうしても必要だからって，いろいろ事情をかいた手紙　（季節）

森重（1965）は，「だからって」を係り助詞に分類している。確かに意味的には主題化しつつあるが，「休みだからって」は「休みだからと言って」と，動詞を補うことができるので引用の意味合いが強いと考える。

4.2　反復

「って」の中には，聞き手の発話をオウム返しのように引用していながら，その発話を受ける発話，思考動詞がないものがある。

(18)　A：それだけ？
　　　B：それだけって，ほかになにかあるんですか。　　　（隣）
(19)　A：お母さん，先，ねたら

　　　　B：ねたらって，あたしたちが起きてさわいでいるのに，お母さ
　　　　　ん，ねられないわよねえ　　　　　　　　　　　　　（阿修羅）
(20)　宅次いきなりハシを菊男に突きつける。
　　　　宅次「出刃，つきつけられたら，どうなる。」
　　　　菊男「(びっくりしている)」
　　　　宅次「え？　菊男ちゃん，どうなる」
　　　　菊男「どうって，ドキーンとするよォ」　　　　　　　　　（冬）

　上の例では，連用用法の「って」は，もともとのテ形の性格を反映して構文に意味がゆだねられ，それ自体は単に前後を結びつけるだけの役目しかしていない。「って」は主題化しつつあるけれども，まだ「って」に動詞性のある点が次の話題の引き込みの用法とは異なる。

4.3　話題の引き込み

　引用された発話，思考を名詞述語文が受けると，引用の内容である「って」句が受けるものは新たな話題，トピックとして文の中にとりこまれ，主題と述部という対応関係が生まれる。述部は動作文となることは少なく，状態述語の品定め文のことが多い。

(21)　直子：──お父さんたち，靴のこと，言ってたから。
　　　　菊男：……靴って，なんの靴　　　　　　　　　　　　　（冬）
(22)　A：へいへい，なにもかも「究極のメニュー」の担当者が悪いん
　　　　　です。担当者が無能だから，東西新聞は部数競争で帝都新聞
　　　　　に負けてるんです。
　　　　B：その無能な「究極のメニュー」担当者って，私のこと！？
　　　　　　　　　　　　　　　　　　　　　　　　　　　　（美味25）

　森重(1965)は，「だれかって，きまってるじゃないか。」というこのタイプの文について，「この「って」は「というか，それは」に置換される」(同

134）と述べている．上の例は，直前の発話を受けているが，次のような例もある．

(23) 会えて嬉しいわ。あたしたちってやっぱり縁があるのかな
(おこげ)
(24) 美代子，愛敬よく剛に笑いかけて「剛さんって，結婚にどんな夢とか希望を持ってらっしゃるんですか。」　　　　　（おこげ）

　こうした例では，「って」句が受けるのは直前の発話ではなく，その発話の場に存在するもの，あるいは，話し手の頭の中にあることがらである．係り助詞の「は」に近いが，「は」が直接対象をこれ，それ，と示すのに対して，「って」ではとりあげる対象が言葉そのものである．「というものは」「ということは」という表現への言いかえが可能で，これは，第4章でもとりあげた定義付けにほかならない．次の「ってば」「ったら」は，意味の共通性から「って」の異形態と考えられる．

(25) それで，その喜びようったらないんだよ．　　　　　　（梅安）
(26) 私とか，もうあせっちゃってえ，よそうよて言ったんだけどお，その子ったら偉そうに自分がおごりますからとか言ってえ，平気な顔してるんだもん．　　　　　　　　　　　　　（病理）

第5章でも述べたように，佐久間（1956=1983）の言う「ったら」「ってば」の「あきれたものだ」という心持は，条件形によってあえてそのことをとりあげる意味合いから生じると考えられる．

4.4　伝聞

　これまで見てきた引用，反復，話題の引き込みの用法では，その性質，働きは異なるが，「って」に述語が接続した．ところが，述語がなくなり「って」で文が言い終わる場合がある．意味的には，伝聞の助動詞に近い．

(27) 「与希子さんは？」
　　　マーガレットがきいた。
　　　「あ，私途中であったわ。今日はこれからコンパです<u>って</u>」
　　　　　　　　　　　　　　　　　　　　　　　　　　　（からくり）
(28) 主人はそのとき仕事に出てたんだけれど，職場に電話したら，ないものは仕方がない，説明できるところは僕が帰ってからするか<u>って</u>　　　　　　　　　　　　　　　　　　　　　　　　　（からくり）
(29) A：コーヒーお願い。
　　　B：なん<u>だって</u>。（よく聞こえない）
　　　C：コーヒー<u>だって</u>。
(30) おどろいたね，押しかけ女房<u>だって</u>さ，　　　　（季節）
(31) この八重歯は抜けるんです<u>って</u>，はたちになれば抜けるんです<u>って</u>よ　　　　　　　　　　　　　　　　　　　　　　　　　　　（さぶ）
(32) 厚子「どこ，行ったのかな」
　　　とし江「"チャランケ"だろ」
　　　厚子「"チャランケ"なんて，ヘンな名前」
　　　とし江「アイヌ語で"けんか"ってイミ<u>だって</u>」　　（びっくり）
(33) ちゃんとした科学的調査資料をもとにして長寿地域を探すと，世界一が沖縄になるんです<u>って</u>。　　　　　　　　　　（美味 28）

伝聞の「って」には，もとの話し手が特定される場合（用例 (27) 〜 (29)）もあれば，特定されない第三者の場合（用例 (30) 〜 (33)）もある。山崎誠 (1996) は，「って」の伝聞と引用用法それぞれの統語的特徴を細かく観察し，「伝聞は，命題に対する話し手の現在の態度しか表せない」（同 8）と述べている。また，伝聞をいわゆる伝聞と「アメリカ帰りだって？」のように上昇イントネーションで発話される確認用法とに分け，後者については「その言語情報が事実かどうかを相手に確認するはたらき」（同 9）を持つとしている。ここでは，「だって」「んだって」の違いは正面から扱われてはいないが，許夏玲 (1999) は，文末の「って」の用法を分析し，「んだって」は「話

し手が既定命題を使って相手にある事情や状況を説明したり，自分の意見を主張したりするときに使われる」（同 89）と分析している。宮崎和人（2002）は，「って」「んだって」が他の引用表現とは異なりそのまま疑問表現となることを特徴としてあげた上で，疑問文の「彼も来るって？」と「彼も来るんだって？」を比べ，前者は彼が来ることを聞き手が聞いているかどうかを尋ね，後者は「話し手は彼が来ると聞いていて，聞き手にも同じ情報があるかを確認している」（同 162）と述べている。宮崎の結論と同じか明らかではないが，ここでは疑問文における「って」と「んだって」の違いを以下のように考える。

　　＜懸案の仕事に関して＞
　　(34)　彼，あの仕事引き受ける<u>って</u>？
　　(35)　彼，あの仕事引き受ける<u>んだって</u>？

　(34) は，聞き手に彼にこの発話行為があったか否かを確かめていると考えられる。すなわち，この文は，発話内容より，発話行為の確認に主眼がある。一方，(35) は，聞き手にこの件に関する話し手の認識が正しいか否かを確認していると考えられる。

4.5　言いつけ

　伝聞の「いいって。」「だめだって。」「行くって。」に対して，文の言いきりの形にさらに「だって」が付加する「いい，だって。」「だめだ，だって。」「行く，だって。」という言い方がある。

　　(36)　うちでもおとっちゃんと作さんのおじさんがとっかわればいい
　　　　　<u>だって</u>さ。　　　　　　　　　　　　　　　　　　　　（季節）
　　(37)　こっちは，本気だったんですけど，お前なんかに経理が務まる
　　　　　か，<u>だって</u>。　　　　　　　　　　　　　　　　　　　　（病理）
　　(38)　穴山さんが心当たりの学生はすべて当たったから，後は青木クン

に任せるって。それから自分の部屋だけでもいいから，ちゃんと掃除するように，だって。　　　　　　　　　　　　　　（シコ）

「雨が降る，だって。」は，発話を名詞述語の「だ」が受けることで，発話行為が強調されている感じが強い。第三者の発話を受けている点では伝聞と共通するが，その第三者が特定される点が異なる。発話内容をそのまま伝えるのではなく，もとの話者がこの文の発話者にそう発話したと，驚きや疑いとともに聞き手に言いつけているような感じがある。伝聞と同様，「と」への言いかえも省略もできない。

4.6　疑い[2]

(39)　A：猫かもしれませんね
　　　B：猫だって　　　　　　　　　　　　　　　　　　　　（季節）
(40)　A：それよりおらのうちへ寄ろう
　　　B：おめえのうちだって　　　　　　　　　　　　　　　（さぶ）
(41)　勝子は河口の肩をゆすって，初つぁん静かにしておくれよ，と耳もとで云った。「えっ，なに」河口は頭をあげた，「初つぁんだって」　　　　　　　　　　　　　　　　　　　　　　　　　　（季節）

これらはみな上昇イントネーションで用いられる。また，「って」が名詞を受ける場合には，「だって」の形をとる。直前の相手の発話を受け，大きくは疑問表現だが，相手の発話に対する疑いを示す。「あなたは……だと言うのか」といった意味になる。4.1〜4.5と異なり，なくても意味は変わらない点で終助詞に近い。たとえば，「もうすぐお母さんが戻ってくる！」という発話に対して，次のような応答がありえる。

2　山崎（1996）では，4.5の言いつけの「だって」を発話をそのまま提示する「だって」，4.6の疑いの「だって」を意外・驚きの「（ん）だって」と分類している。

(42) a 戻ってくる？
　　　b 戻ってくるって？
　　　c 戻ってくる，だって？
(43) a お母さんが？
　　　b お母さんって？
　　　c お母さん，だって？

　疑いは(42)(43)のｃの用法になる。(42)ｂの「戻ってくるって？」は，「戻ってくる！」に対する引用の疑問文の場合もあれば，「戻ってくるって！」という，もとが引用文のその問い返しの場合もありえる。(42)ａ「戻ってくる？」(43)ａ「お母さんが？」も，問い返しの用法[3]と言える。すべての述べ立ての文は問い返すことが可能だから，問い返しを「って」の用法分類には立てなかった。(43)ｂの「お母さんって？」は，「お母さんってだれ？」といった話題の引き込みの疑問文と考えられる。

4.7　訴えかけ

以下の例はみな話し手自身の発話を受けている。

平叙文	(44)　学生だろ，万引位でさわぐなって	（冬）
	(45)　わかってるって	
	(46)　旦那はまだ寝ていらっしゃるんですったら	（さぶ）
	(47)　いいったら	（さぶ）
	(48)　いいよ，わかったてばなあ	（季節）
	(49)　本当よ！本当なんだってば！	（デート）
	(50)　Ａ：大きなうちらしいの。 　　　Ｂ：きたないうちだって。(話し手自身の家について) 　　　Ａ：親に恥かかすまいとしてさ，気遣ってんだよ。	

3　安達太郎(1989)は，問い返し疑問文の，通常の疑問文とは異なるふるまいについて論じている。

	B：ほんと<u>だって</u>。	（冬）
命令・勧誘文	（51） よせ<u>ったら</u>，さぶ	（さぶ）
	（52） だめだ<u>ったら</u>，およし<u>ってばさ</u>	（季節）
	（53） 丁か半か，よう，あれで一丁いこう<u>ったら</u>，よう	
		（季節）
呼びかけ語	（54） おっかさん<u>ったら</u>	（季節）

　平叙文のほかに，命令・勧誘文と呼びかけ語の場合があるが，それぞれの意味内容が強調される。終助詞「よ」との置きかえができ，省略が可能である。この一連の「って」には，自分の考えを人に認めさせようという押しつけの意味合いが感じられる。(50)B は，文脈がなければ伝聞とも解釈できるが，伝聞では，引用される発話は話し手以外の発話であり，訴えかけの場合は，話し手自身の発話を受ける点で異なる。岩男考哲 (2003) は，「って」の用法と文末形式との関わりを観察し，「って。」という形式をとりのぞいてもその文の命題的な意味が変わらない場合は，その「って。」は文末形式相当の表現として定着しつつあるという見方を示している。岩男の見方をここでの「って」の分類にあてはめると，「疑い」「訴えかけ」が文末形式化しつつあると言える。以上述べてきた引用の「って」の用法をまとめると，表 6–3 のようになる。

　「って」が持つさまざまな用法の違いは，構文的には次の四つに示される。
　　1)「って」で受ける節の内容の，発話，思考主体
　　2)「って」の省略の可否
　　3) 引用句末に「だ」の付加が義務的か否か
　　4) 主節の述語の有無，また，述語が必要な場合，その述語の性質
実際の用例には，表 6–3 の 7 分類の中間的なものもあるが，この 4 条件が相互補完的であることから，典型例としてはこの 4 条件で区別することが可能だと思われる。

表6-3 引用の「って」の用法

意味	品詞	例文	句の元の話者	省略	「だ」	主節の述語
引用	動詞（引用助詞）	俺の子（だ）って思った。すぐ戻るって出かけた。	話し手を含む特定の者	×	△	発話・思考動詞類
反復	動詞〜係り助詞	それだけって，何がある	話し手以外の特定の者	×	△	制限なし
話題の引き込み	係り助詞	雨が降るって，嫌だ。雨って，嫌だ。	聞き手／第三者	×	×	状態動詞
伝聞	助動詞	雨が降るんだって。明日は雨だって。	不特定の第三者	×	△	なし
言いつけ	終助詞	雨が降る，だって。明日は雨だ，だって。	特定の第三者	×	○	なし
疑い	終助詞	雨が降るだって。↗ 雨だって。↗	聞き手	○	○	なし
訴えかけ	終助詞	わかってるって。わかったってば。ほんとだって。	話し手	○	△	なし

表で省略というのは「って」が省略できるか否かということで，○は可能，×は不可を表す。「だ」の欄の○は，「だ」の接続が義務的な場合，△は名詞述語文にはあってもよく，動詞文には不可の場合，×は「だ」の接続が不可の場合である。

5 逆接の「って」「だって」

「ば」「たら」を順接の条件とすれば，「ても」「でも」，「たって」「だって」は逆接の条件を表している。「ても」と「たって」では，「ても」「でも」は並べ立ての意味が基本と考えられ，一方「たって」「だって」は，「とする」の意味合いがあって条件性が強い。この「逆接」の「たって」にも品詞的に異なるものがあるが，意味の面から大きく①逆接，②反発，③正当化，の三つに分類する。

5.1 逆接

次の用例を見てみると，「だって」の前には，その状況では普通は想定しにくい物事や人の来るのが普通である。

(53) こわれたラジオじゃあるまいし，叩いたって音はでないって
(あうん)
(54) しゃべるんだって，順番てもんがありますよ。　　　　（蛇蠍）
(55) 着る物だって，小さいときからいい物に親しんでおくのが必要でございましょ。　　　　　　　　　　　　　　　　　　　　（病理）

用例(55)は，名詞述語に「って」が付いたものである。「だって」「たって」の前が動詞の時は，従属文という性格が明らかだが，名詞述語の場合には係り助詞に近いものもある。次の例のように，「たとえ」「どんなに」等の副詞と共起する場合には，「だって」にまだ叙述性があると言える。

(56) たとえ紙一枚だって，それを漉くにはいろいろな手数や辛いおもいをするんだっていいますもの　　　　　　　　　　　　（さぶ）
(57) 黙ってひとの部屋に入って，いくら親だってひどいわよ。
(思い出)
(58) いいえ会います，どんなにひどい恰好だって驚きゃしません，あれはわたしの子供なんですから　　　　　　　　　　　　（季節）

5.2　反発

　上の用例(56)～(58)では名詞が名詞述語文の構成要素だが，「って」が受けるものの名詞性が強まると，次の用例に見るように「だって」は「も」に置きかえられる。すなわち，「だって」が係り助詞的に機能しているということになる。

(59) あたしだって人間だものね，そうなにからなにまで知ってるわけにはいかないじゃないの　　　　　　　　　　　　　　（季節）
(60) おめえだって雨に濡れてたぜ　　　　　　　　　　　　（さぶ）
(61) でも相手だってそれをぼんやり待ってやしないでしょ　　（さぶ）
(62) とはいえ，僕だって，男なんだけどな。　　　　　　（過保護）

(63) 僕だってできることなら警察に協力して，彼女を殺した犯人を捕まえてやりたかった。　　　　　　　　　　　　　　（ダンス）
(64) まあ，のっけからそうきついこと言わないでよ。こっちだって必死なんだから　　　　　　　　　　　　　　　　　　（椿）

第4章の4.2節で「だって」「たって」と「でも」「ても」の違いを見た。しかし，すべての「だって」が，「でも」に置き換えられるわけではなく，上の用例 (59)～(64) は「でも」には言いかえにくい。このように「だって」が「でも」に言い換えられないのは，一つには，述部が「だって」が受けている語の性状を述べ，序列化できることがらではないため，また，(63) (64) のように話し手の主張が強く示されているためと考えられる。逆に，消極的な内容が述べ立てられている「でも，こんな僕でも出来ないことが一つあります。」(ブログ) の「でも」は「だって」には言いかえにくい。しかし，次の例では「も」だけでなく「でも」への置きかえが可能である。

(65) それはバンドだって合唱だって全てに共通することだと思うのですが。　　　　　　　　　　　　　　　　　　　　（ブログ）
(66) 神ほとけにだってわかりゃあしねえだろう　　　　　　（さぶ）
(67) おれだって逃げだしたかもしれない，考えるだけでもたまらなかったろうからな　　　　　　　　　　　　　　　　　（季節）
(68) 嘘じゃない。僕だって信じられない売上だ。あんたに聞かれなくたって一丹の売場に言って叫びたいような数字だよ。　（椿）

ただし，意味の上では「だって」には「だ」による言いきりの強さがあり，「でも」は「も」による並べ立ての意味が強いという明らかな違いがある。ここでは言いきり形がもたらす話し手の主張の強さを反発と呼ぶことにした。次のように時や程度を表す副詞的な要素の場合 (用例 (69)～(71)) には，「だ」が名詞述語の役割を果たしていて，文が複文構造をなしていることは明らかである。そのため「でも」による言いかえは可能だが「も」では

言いかえられない。

- (69) 百里さきだって驚きゃあしないが，話があんまり急のことなんで （さぶ）
- (70) 水だけだって十日は死なないって，本に書いてあったんだから。 （寺内）
- (71) 沢庵なんて三切れだって四切れだっていいだろ！ （寺内）
- (72) あの子がただのいっぺんだって，そのことであたしたちに文句を言ったことがありますか。 （寺内）

5.3 正当化

接続詞の「だって」も，「だから」「だが」「だけど」と同様，「だ」+「って」という語構成と考えられる。「だって」は，相手の発話や意図を受ける点では引用の働きがあるが，相手の発話への反発と自分の発話，考えの正当化を図ろうとする点で逆接の意味合いが強い。意味は第4章5節で述べたように「どうしてって」「なぜって」に近い。

- (73) A：育児休暇だあ，このクソ忙しい時に何を言ってる。
  B：だって男も休暇保障されてるって社報で社長もおっしゃってたじゃないですか。 （ひき逃げ）
- (74) A：それってひき逃げじゃない
  B：パパ，人　殺しちゃったんだ。
  C：人聞き悪いこと言わないの
  A：だってそういうことじゃない！ （ひき逃げ）

6 「って」の分化と体系

「って」というのは，話し言葉で使われるもので，これ自体省略形だが，次に見るようにその省略のし方は一定ではない。「って」の省略形の中で特

に問題になるのは，次のような「ったって」の形だと思われる。

(75) だって，電話かけて，すぐ来いったって，女は，いろいろ支度にかかるのよ，ねえ，奥さん。　　　　　　　　　　　　　　（あうん）
(76) 逢ってるったって，こどもじゃないか。　　　　　　　（阿修羅）
(77) 奥床しいったってさ，程度があるよ，御曹司ったって。（あうん）
(78) 宿屋ったって部屋に鍵も何もないんだもの。　　　　　（梅安）

こうした「ったって」は，もとは「と言う」の過去形と「とする」の連用形が合わさったもので，引用と逆接の合体形と考えられる。また，次の例のように前に来る動詞が意向形の時は，「としたとて」に示されるように「とする」の過去形と「とする」の連用形が合わさったものと考えられる。

(79) いやあ，ありゃ忘れようたって，かんたんに忘れられないやねえ
　　　　　　　　　　　　　　　　　　　　　　　　　　　　（金魚）
(80) 肝心の，おふくろが死んじゃったんだから，なにをしようったって始まりゃしない，僕も一巻の終わりだし，自分のことぐらい自分でやりますよ。　　　　　　　　　　　　　　　　　　　　（ばち）

次のような「ってったって」という使い方もあるが，これは「と言う」の省略が完全ではない段階と考える。

(81) まだってったってべらぼうめ，今夜からいっしょに寝るんだろう
　　　　　　　　　　　　　　　　　　　　　　　　　　　　（さぶ）
(82) ……十八のとしから七年の余もバー勤めをしていてそれなんだから，全くうぶってったって限界があろうじゃねえか，そうでしょう　たんばさん　　　　　　　　　　　　　　　　　　（季節）

　一般に語は，その形と働きによって文の中に定まった位置を占めるが，

「って」は，それ自体が述語の働きも助動詞の働きも，また終助詞の働きもするという多様な働きをする。牧（1996）は，「って」について「陳述の作用としては働きかけが難しい，引用文や体言といった対象に様々な意識を付加できる語であ」るとして，「今後も形態，意味ともにさらなる変化をする可能性」（同 107）を指摘している。表 6-4 は，このさまざまな用法を持つ「って」の代表的な意味を文の中に現れる位置に対応させて示したものである。表 6-4 から，次のような点が指摘できる。

表 6-4 「って」の分化

文の中での意味	接続詞用法	係り助詞用法	接続助詞用法	述語用法	助動詞用法	終助詞用法
引用				すぐもどるって出かけた。 行ったり行かなかったり困る。 行ってば／ったら行くよ。		
反復				早く寝たらってそうはいかない。 明日（だ）って何が。		
話題の引き込み		雨が降るって困る。 子供っておもしろい。 あの子ったらやさしい。 あの子ってばあわてない。				
伝聞					雨が降るんだって。 明日は雨だって。	
言いつけ					雨が降る，だって。 明日は雨だ，だって。	
疑い						雨が降るだって。↗ 雨だって。↗
訴えかけ						わかってるって。 雨が降るってば。 明日は雨だったら。
逆接			雨が降ったって行く。 水だけだって生きられる。			
反発		私だって写せる。 雨だって必要だ。				
正当化	だって，知らなかった。					

一点目は，もともとは動詞を内包する「って」が，片や接続詞，片や終助詞へと大きく分化している点である。この変化の一つは，述語に近い助動詞を経て，命題の外でモダリティを担う終助詞への分化であり，また一つは，接続助詞から叙述性を持った接続詞への分化である。渡辺(1974: 52)は，終助詞について「文末近くに現れるものほど，また文頭にも現れやすい」として，「ねえ，母さん，五時に出発だったね。」「よー，元気そうじゃないかよ。」という例をあげている。終助詞だけでなく接続詞にもこの変化は見られるわけで，「が」は文頭，文中，文末に現れる。文頭で聞き手の発話を受ける「だって」と，文末で「明日は雨が降るんだって。」とこれまた聞き手，第三者の発話を受ける「だって」は意味的に共通する。また一方で，「って」の述語の主体が一般化することで「って」は係り助詞に近づく。ここに「って」が一つの体系をなしていることが指摘できる。なお，表6-4で，中央から左右に行くにしたがって各用法のモダリティ性が高くなると言えるが，そのモダリティ性は文頭と文末では異なる。文頭では，先行文脈との関係づけがなされ，文末では聞き手の伝達態度が示される。

　二点目は，「って」が持つ異なる形態である。引用，話題の引き込み，訴えかけの「って」には，ほぼ同じ意味で「ってば」「ったら」あるいは「ったり」という形があった。これらを「って」の活用形と考えることは可能だろうか。「って」は，定まった意味を持っているが，独立して使われることはないので，自立語とは言えない。これは，使役を表す-aseruや受身を表す-areruが，動詞の活用形ではないが，-asete, -aseta, -aseyoo等とそれ自体活用するのとよく似ている。現代語を体系だてる活用形の中から Block. B. (Miller, R. A. 1969, 林栄一訳 1975: 1–14) のものをとりあげ，「って」の活用形と比べてみる。

---

4 「って」の完了形「った」は，次のような「何てった」という形でしか調べた用例には現れなかった。
　①お父さん，こないだ，何てったすか。(蛇蠍)
　②a　いま，なんてった。
　　 b　よかったっていったのよ。(金魚)
　③ね，今の人，名前何てったかしら。(金魚)

6 「って」の分化と体系 | 143

　表 6–5 を見ると，「tte」の系列の活用の形がきれいに揃っていて，意味の上でも共通性があり，活用しているとも言える。ただ，活用するということは陳述の変化を必要とするから，上の例のように「言う」という動詞の意味をはっきり包含している狭義の引用の場合に限った方がいいだろう。「って」は一つの活用体系を核に持ちつつ，さまざまな変化形を周辺に持っているということになる。

表 6–5 「って」の活用形

Block の活用形			「って」の異形態		例文
直説・非過去	tab	eru			
直説・過去	tab	eta	行く	った[4]	行くった人が来ない。
推量・非過去	tab	eyoo			
推量・過去	tab	etaroo	行く	ったろう	おまえさんは，行くったろう。
命令	tab	e			
与件	tab	ereba	行く	ってば	行けってば　行かないこともないが。
条件	tab	etara	行く	ったら	行けったら　すぐに後ろを向くんだ。
選択	tab	etari	行く	ったり	行けったり，行くなったり，どっちだ。
不定詞	tab	e			
動名詞	tab	ete	行く	って	俺が行くって出かけた。

　「って」の用法を整理して気付くその他の点は，名詞述語の「だ」のふるまいである。「って」が名詞をそのまま受ける場合というのは，「女ってそういうもんよ」という「って」が係り助詞的に用いられる時である。一方，「って」が名詞をそのまま受けないのは，「って」が，終助詞（訴えかけ，言いつけ，うたがい），助動詞（伝聞）的な働きをする場合である。助動詞，終助詞は文を受けるものだから，名詞の場合には，述語の「だ」が必要になるのは当然である。ところが，「って」については，方言を除けば用言には接続しない「だ」が，用言あるいは名詞述語文に接続する。すなわち，言いつ

けの意味で「雨が降る，だって。」「明日は雨だ，だって。」，疑いの意味で「雨が降るだって。↗」という文がありえる。これは，叙述内容をさらに名詞述語の「だ」が受けていることになり，叙述内容が素材であることはなお一層明確になって，後続する「って」は，それが人の発話であることをきわだたせる。そうした点から，言いつけ，疑いといった，叙述内容ではなくむしろ相手の発話行為自体を問題にしたい時に，この「用言＋だって」が使われていると考えられる。

第4部　語形の持つ機能の連続性

　第4部は，同一語形の品詞を超えた連続性をとりあげる。具体的には第7章で「が」「けど」，第8章で「だ」をとりあげて，それらが持つ用法の異なりを，語形の持つ基本的性格によって統一的に説明することを試みる。

第7章

話し言葉における「が」「けど」類の用法

1　はじめに

　話し言葉においては，接続助詞の「が」「けど」類が，いわゆる逆接とは異なるふるまいをすることが多い。たとえば，次の用例の下線部は，いずれもいわゆる「逆接」にはあたらない。

　　（1）「つかぬことを訊きます<u>が</u>，ついさっき，東京の人がこちらに見えませんでしたか？　坂の途中で，たしか東京ナンバーの車とすれ違ったのです<u>が</u>」
　　　　「ああ，見えましたよ。東京の板橋区の人でした<u>が</u>……」（遺骨）

小出慶一（1984）は，文頭に現れる接続助詞「が」の機能を，また，白川博之（1996, 2009），内田安伊子（2001）は，文末に現れる「が」「けど」類を分析している。小出，内田における機能分類は，さまざまな用法に目配りした精緻なものである。それを踏まえた上で，なお次のような課題が残されていると考える。

①話し言葉における「が」「けど」類の分析といっても，シナリオ等におけ

る用例が中心で，実際の発話データを扱っていない。そのため，「が」「けど」「けども」「けれども」「けれど」の違いは捨象されることが多く，相互の違いが明らかでない。
②言いはじめと言い終わりの「が」「けど」類の用法を分けて論じているものが多く，接続助詞「が」の基本的な用法とのつながりが見えにくい。

そこで，ここでは以下の二点に焦点をあてて考えたい。
　1) 話し言葉のデータを分析することによって，「が」「けど」類それぞれの現れ方の実際を検討し，相互に違いがあるか否かを確認する。
　2) 話し言葉特有の「が」「けど」類の用法を，基本的な用法と関連づけながら考える。

2　話し言葉におけるデータの分析

　話し言葉のデータとして，現代日本語研究会編『女性のことば・職場編』(1987) と『男性のことば・職場編』(2002) を用いた。野間秀樹 (2008)，金珍娥 (2013) は，言語の存在様式として「話されたことば」と「書かれたことば」を区別する必要性を説いている。金によれば「話されたことば」は「音声としての存在様式を有することば」であり，「書かれたことば」は「文字としての存在様式を有することば」(同 10) である。従来言われてきた書き言葉，話し言葉は，表現，文体の問題と位置づけている。これは，これまで厳密でなかった音声による発話と書かれたことばとの違いを，言語の存在様式と文体の違いとして明確に区別した点で大きな意味がある。今回のデータは，イントネーション，あいづちや発話に重なりがあった場合はそれが記されていること等から，金の用語で言えば「話されたことば」にあたると考える[1]。一文を 1 レコードとした場合，発話レコード数は，『女性』が 11,421，『男性』が 11,099 で，合計 22,520 である。なお，3 節で用法を考えるに際し

---

[1] 本書で用いているシナリオのデータは，話し言葉の文体が使われてはいるが，野間 (2008)，金 (2013) の定義では「書かれた言葉」になる。

ては，作例や小説等の会話例も使用した。用例の前の M は男性の発話，F は女性の発話であることを示す。

2.1 全体の使用頻度

表 7-1 に，今回のデータにおける「が」「けど」「けども」「けれども」「けれど」の使用頻度を示す。なお，「だけど」のように明らかに接続詞の働きをしているデータは除いた。

表 7-1　全体の使用頻度

が	けど	けども	けれども	けれど	合計
208 (14%)	974 (65%)	168 (11%)	113 (8%)	37 (2%)	1,500 (100%)

表 7-1 から，これらの接続助詞の中では，「けど」が圧倒的に多く使われていることがわかる。そのほかの助詞の使用は，次に多い「が」でも 14% にすぎず，「けれど」は 2% 強にすぎない。金澤裕之 (2002) は，明治中期から昭和末期における話し言葉的な資料を 5 期に分けて調査し，昭和末期（具体的には 1987 年の言語データ）に，それ以前に一位の出現頻度を占めていた「が」が「けれど」類にとって代わられる逆転現象のあることを示した。ここでのデータも「が」の使用頻度が少なく，「けど」の使用頻度が多いという結果を示している。

2.2　発話内の位置による使用頻度

次に，これらの助詞類が，一発話内のどの位置に現れるかを見てみる。表 7-2 の発話中とは，助詞の後ろに句点等がおかれて文が続く場合，発話末とは，一発話の終わりにこれらの助詞が使われている場合をさす。終助詞が付加する場合は，発話末として数えた。

表 7-2 発話内の位置による使用頻度

	が	けど	けども	けれども	けれど	合計
発話中	143 (69%)	469 (48%)	119 (71%)	70 (62%)	20 (54%)	821 (55%)
発話末	65 (31%)	505 (52%)	49 (29%)	43 (38%)	17 (46%)	679 (45%)
計	208 (100%)	974 (100%)	168 (100%)	113 (100%)	37 (100%)	1,500 (100%)

表 7-2 の右端の合計から，これらの助詞類は全体として発話中での使用割合が発話末より高いことがわかる。しかし，田昊（2013）の「名大会話コーパス」を用いた分析では，接続助詞の「けど」類が 4414 例（47%），「言いさし」の「けど」類が 5040 例（53%）と異なる結果が出ている。このことから，会話においては多少データによって異なるところはあっても，「けど」類の使用は発話中と発話末でほぼ同じくらい使われていると見るのが妥当と考えられる。接続助詞の種類を見てみると，「けど」の発話末の使用が多く，「けど」が接続助詞本来の用法とは異なる使い方をされていることがわかる。

2.3 男女別の使用頻度

表 7-3 の（ ）内のパーセントは，男性女性それぞれの合計を 100 とした場合の各助詞の使用率である。この表から，助詞の使い方に男女差のあることが見てとれる。「が」「けど」「けれども」は，男女がほぼ同じように使用しているが，「けども」は男性の方が多く，「けれど」は女性が使用している。

表 7-3 男女別使用頻度

	が	けど	けども	けれども	けれど	合計
男性	103 (13%)	474 (62%)	126 (17%)	50 (7%)	11 (1%)	764 (100%)
女性	105 (14%)	491 (68%)	42 (6%)	63 (9%)	25 (3%)	726 (100%)
性別不明	0	9	0	0	1	10
計	208 (14%)	974 (65%)	168 (11%)	113 (8%)	37 (2%)	1,500 (100%)

この男女差は，発話内での使用位置にも現れているだろうか。次の表 7-4 に，男性女性それぞれの発話中と発話末の使用頻度を示したが，全体として男性と女性にそれほど大きな違いは見られない。

表 7-4　男女，位置別使用頻度

		が	けど	けども	けれども	けれど	計
発話中	男性	72 (16%)	244 (54%)	89 (20%)	36 (8%)	7 (2%)	448 (100%)
	女性	71 (19%)	220 (60%)	30 (8%)	34 (9%)	13 (4%)	368 (100%)
発話末	男性	31 (10%)	229 (73%)	37 (12%)	14 (4%)	4 (1%)	315 (100%)
	女性	34 (9%)	272 (76%)	12 (3%)	29 (8%)	12 (3%)	359 (100%)
計		208	965	168	113	36	1,490

　これらの助詞は，「ちょっと細かいんですがー，いちおー，10月はつかの日付で，{名字}さんのほうにいただいているんですけどー，」(男性1398)のように，一発話内に複数使われることもある。その男女別の頻度を表7-5に示した。表7-5から一発話内で異なる接続語を使用し，かつその組み合わせも多様なことが見てとれる。全体に，男性の方が使い方が多様でかつ頻度も多く，女性は，男性に比べると頻度が幾分少なく，使い方も限られている。

表 7-5　一発話における複数使用数

	男性	女性
同じ語形の複数使用数	44	29
異なる語形の複数使用数	18	8
合計	62	37
語形の組み合わせ異なり数	4	9

2.4　丁寧化百分率とスピーチレベルシフト

　三尾(1942)は，文の内部における丁寧さを見るために，話し言葉のデータとして戯曲を用いて，書き言葉とも比較しながら，文の内部で用言が「です体」「ます体」になる場合を観察している。文の終止部の用言が「です体」「ます体」である時，文の内部の用言はどのようであるか，それが接続助詞によってどのように変化するかを見たのがいわゆる「丁寧化百分率」である。

表7-6　三尾によるデータ（丁寧体に付いた場合のパーセント）

話し言葉（戯曲）		書き言葉（小学国語読本）	
が	94.5	が	98
けれど	86		
から	73	から	80
し	58		
ので	28	ので	22
と	7.3	と	26
たら	6		

（三尾 1942=1995: 279-280, 284 から作成）

　この結果から，三尾は，文の終止部が丁寧体の場合，「が」はもっとも普通に「です体」形の用言に付き，「が」が普通体に接続する場合は例外的だとしている。先にあげた金澤（2008）も，5種類の話し言葉に近い資料をもとに，同様の調査を行っている。その結果は，次のようなものであった。

①「が」「けれど」「から」は安定して高い平均値を示している。すなわち，文末が丁寧体の場合，これらの接続助詞の前でも丁寧体が使われる。
②「が」「けれど」については，昭和末期においてその出現数が逆転している。
③丁寧体の表現形式においては，「ます」が減少し「んですが」が増加している。すなわち，近代以降の100年間に「～ますが」から「～んですけれど」という流れがある。

　こうした先行研究を踏まえ，今回用いた話し言葉データで丁寧化百分率を見てみた。その分析によってわかったことは，生の話し言葉データと書かれた言葉のデータとの違いの大きさである。三尾の話し言葉データは戯曲であり，金澤のデータは演説・落語の速記資料と雑誌の座談会資料である。これらの資料は公開にあたって読みやすいように編集がなされたと考えられるので，金（2013）の用語で言えば，話し言葉という文体の「書かれた言葉」と

いうことになる。今回の話し言葉のデータは，以下の点で三尾，金澤のデータの分析結果と異なった。

1) 文の終結部に用言が来ない例，あるいは，文中の接続助詞以降終結部までの間に用言がまったくない例も少なからずある。
2) 文末が条件形や連体修飾で言い終わり，言いきりの形がない場合がある。
3) 上の1)とは逆に終結部までに複数の用言が使われ，しかもそのスタイルが一定していない場合がある。

丁寧化百分率を今回使用した話し言葉データで見たのが表7-7である。発話の中で「が」「けど」類以降に「です体」「ます体」が使われている場合に，「が」「けど」類が受けている述部のスタイルが「です体」「ます体」である場合の割合をパーセントで示している。

表7-7 丁寧体の使用割合（単位：パーセント）

	が	けど	けども	けれども	けれど
「です体」「ます体」の使用数	100	51	85	92	57

表7-7から，「が」「けれども」の場合，文末が「です体」「ます体」の文では同じ丁寧体のスタイルが選ばれ，「けど」「けれど」では，普通体が半分程度使われていることがわかる。傾向としては三尾，金澤の結果と一致している。次の表7-8は，表7-7のスタイル毎の内訳である。たとえば，表の一番上の「です・ます体→です・ます体」というのは，接続助詞の前に「です体」「ます体」が使われていて，その接続助詞以降にも述部が現れ，そこに「です体」「ます体」が使われている場合を意味する。

表 7-8　丁寧体，普通体におけるそれぞれの使用頻度数

スタイルのシフト		が	けど	けども	けれども	けれど
です・ます体→です・ます体	男	57	14	47	21	4
	女	56	32	10	27	4
普通体→です・ます体	男	0	34	7	3	3
	女	0	13	3	1	3
普通体→普通体	男	0	85	20	6	1
	女	3	101	11	0	3
です・ます体→普通体	男	9	15	10	3	1
	女	6	13	4	0	0

表 7-8 では，全体の傾向を見ることを主眼として，接続助詞の後ろに用言が現れた場合，その使い方如何は考慮せず，その用言の文体をとりあげた。複数ある場合は，接続助詞が受けているスタイルと異なるものがあれば，スタイルが変わったものとして数えた。今回の結果が三尾の結果と大きく異なるのは，表 7-8 のスタイルシフト欄の最下段に示されているように，文末が普通体であっても文中の接続助詞の前に丁寧体の来る例があったことである。三尾は「「だ体」の文は，終止部はもちろん，文の内部でも，すべての用言が「だ体」形であります」（同 265）と述べ，文の終結部が普通体である時，「が」の前が丁寧体になりえることを想定していない。しかし現実には，そのような結果が示された。すなわち，丁寧体の後ろに「が」「けど」類が来ていながら，その後，文体が普通体にかわることがある。また，先にあげた相違点の 1) 文の終結部に用言が来ない例があったことについては，金（2013）が同様のことを指摘している。金は，文を文末が述語で統合されていない文（非述語文）と文末が述語で統合されている文（述語文）に分け（同 136），金の「話された言葉」のデータでは，「半分近くの文において文の核たる〈述語〉で文が統合されてはいない」（同 155）と述べている。以上をまとめると，文末が述語で終止する「書かれた言葉」においては，三尾の丁寧化百分率は一つの指標でありえるが，生の会話データにはそのまま適用できないということになる。

　そこで，丁寧化ということの枠を広げて，この問題をスピーチレベルシフ

トの観点から考えてみることにする。

　足立さゆり（1995）は，スピーチレベルシフトを起こす条件として次の三つをあげている。

　第1条件　社会的条件（社会的地位，力関係，年齢，場面……）
　第2条件　心理的条件（動作主を意識する視点の移動によるもの）
　第3条件　文脈的条件（文脈によるもの）　　　　　　　（同307から）

このうち第1，第2条件を扱ったものとしては，鈴木睦（1997）や岡本能里子（1997）をあげることができる。鈴木は，社会言語学的観点から〈聞き手の領域〉〈話し手の領域〉〈中立の領域〉という概念を導入し，普通体と丁寧体のスピーチレベルシフトの問題を分析している。岡本は，小学校の授業観察から，丁寧体と普通体のスピーチレベルシフトのルールとして，丁寧体では「公的場面」，発話相手としては「クラス全体」で，「相手をソト扱い」し，普通体では「非公式場面」，発話相手は「個人」の生徒で，「相手をウチ扱い」する点等をあげている。また，スピーチレベルシフトが次の活動や質問に移行する時に多く現れていることから，教室における言語行動が一方的に教師にコントロールされているのではなく，生徒と教師との相互行為であることを指摘している。これは，丁寧体と普通体の選択が発話者ひとりの意志だけで決められるものではなく，社会的役割やその場での役割によって選択される面があることを示している。今回のデータで終結部が普通体でありながら，接続助詞の前で丁寧体が使われている用例はたとえば次のようなものである。

　　（2）　じ，今日いつもねー，神社の横通るんです<u>けどー</u>，（うん　他者（男））いつもねー，冬咲いてるのが咲いてた。　　（女性4354）
　　（3）　きょう，なんか[名字]さんがなん回かいらしてお話し，<u>したんですけど</u>，チューターのこととか，このチューターってゆうのは学生なのーって<u>聞かれちゃった</u>。

〈笑い〉　　　　　　　　　　　　　　　　　　　　（女性8319）

（4）　それとー，［科目名］と［科目名］はー，えーと，［科目名］3単位だってゆうとかー，そうゆうふうに食われちゃう可能性も出てくるしー，もっとすごいことになるとー，この前ちょろっといい<u>ましたけどー</u>，えーと，74から87の間に置けばいいわけだからー，総卒業単位がー，そうすっとー，科によって卒業単位数が違ってもいいってことに<u>なっちゃうのね</u>。　　（男性10012）

　用例（2）〜（4）は，話題を導入する前置き部分，すなわち聞き手を意識した発話部分で丁寧体が使われている点で共通する。
　足立の第3条件に入ると思われる統語的条件については，接続助詞の選択以前に，動詞では述部の活用の形がスピーチレベルシフトに関わっている。まず条件表現（波線部）は，次の用例のように普通体から丁寧体にシフトしにくい。

（5）　でー，さらにーここでー，あのー［店名さん］でほんとは数字が<u>入ったらー</u>，ここに，〈笑い〉計算された数字がでるはずだったんですけれどもどうも，それができてなかったみたいでこれちょっとあとで［名字］さんとあと詰めます。　　　　　　（男性9248）

　また，次の用例に見るように，名詞修飾表現（波線部）も丁寧体にシフトしにくい。

（6）　でー，今まではちょっと頼ちゃってた<u>ところ</u>も，ま，わたしもあるーと思うんですけどー最近2人が仕事ー入るようになってからー，小さなことだけどー，ヘアダイした<u>人</u>の，耳キャップ，あれはみんなはずしてー，お客さんだけ洗ってー，どうぞーとか<u>ってゆって</u>，汚れてー，黒ーくなっている<u>耳キャップ</u>置きっぱなしになってたりしてー，次の人，たとえばー，たとえばですけ

どー，{名字} さんがー，白髪染めしたお客さん通して洗ってー，耳キャップ黒くて汚くなってんのそのまんまにしてー，そのあとわたしが知らないでたとえばー，細かい毛流しますんでどうぞー，ってゆったらー，お客さん，こうやって歩いてきて居るんだからー，耳キャップ汚いのが置いてあるの見えるんですよー。

(女性 7354)

引用表現については，用例 (6) の引用節の引用を示す要素（藤田 (2000) は引用助辞と呼んでいる）を点線の下線で示した。条件表現や名詞修飾表現が丁寧体にシフトしにくいのに対して，引用節のスタイルは終結部のスタイルと直接関わらない。次の例でも，(7) では，終結部は普通体で，引用節では「です体」が，(8) では，終結部は「です体」で，引用節では普通体が使われている。

(7) あ，だから，指導要領でも，あの日の丸君が代は別ですけどって〈笑い〉いいながらさー，いったの覚えてるよ，おれな〈笑い〉。

(男性 10177)

(8) あのー，まあ1台1台ですねー，ばらすのはいいんだけれど，ちゃんとー，足と本体をセットにしてもらわないと，わからないっていわれちゃったんですよ。　　　　　(女性 6111)

大まかに活用の形で言えば，条件形，連体形はシフトしにくく，中立形はしやすい。また，引用表現は文全体のスタイルには影響されにくい。

　三尾は，文体が丁寧化する時，大きく，独立部＞接続部＞連体部の順に「です体」が丁寧化しやすいと述べている。そして，接続部にはさまざまな接続助詞があるが，体言から転成した接続助詞（たとえば「ところで」「くせに」等）に続く用言は連体部に準じ，それ以外の一般の接続助詞（たとえば「から」「が」等）に接続する用言は，中止形，仮定形に先立って丁寧化しやすいと述べている。三尾は，丁寧化において接続助詞の種類がもっとも重要

だと考えたわけだが、実際の会話データを見ると、そもそも述語で終結しない文も多く、接続助詞は三尾が主張したほど重要な条件になりにくいように思える。しかし、文の終結部が丁寧体である場合には、三尾の指摘は妥当なものである。

なお、スピーチレベルシフトに関して、人が意図的に規範から外れ、そのことによって自分の意図を表現するということもあると思われる。次の例は、基本的には「です体」「ます体」が使われているが、下線部において突然丁寧度を上げることで、内容を冗談のように響かせる効果をもたらしている。

（9）　F：うーん。
　　　　M：てゆうか、もうほとんど住んでるような感じで。
　　　　F：あ、一緒にー↑ [2]
　　　　M：毎日通ってきてたりするわけですよー。
　　　　F：★そうゆう
　　　　M：→住んじゃないすけど。←
　　　　F：そうゆう経験はございませんけどー〈笑い〉。
　　　　M：通い、通い婚のような{うーん（女）}感じでー。（男性5045）

2.5　形容詞への接続

三尾は、話し言葉の分析において形容詞のスタイルについてもふれ、イ形容詞に付く場合には「が」は特にその使用が避けられること、一方で「小さいですが」といったイ形容詞の「です体」も落ち着かないものがあり、結局、話し言葉では、イ形容詞の原形と、それに直接付いても失礼な感じを与えない「が」以外の助詞の結びつきが多いと述べている。今回の資料でその

---

[2] データ中の記号で、↑は上昇イントネーション、★は、発話の途中で次の発話が始まった時点、→ ←は、前の発話への重なりの始まりと終わり、{ }は、聞き手のあいづちを表す。ほかの例も同様。

点を見たのが表 7-9 である。なお，表中の形容詞は，肯定形に限定し，また，「たい」と「ある」の否定形の「ない」は省き，「わかりやすい」等の接辞の「〜やすい」「〜にくい」は含めた。また，「〜てもいい」「〜ばいい」という表現があることで「いい」の使用頻度が高いので，「いい」と「その他」の形容詞に分けた。

表 7-9　助詞が接続する形容詞の文体（単位：用例数）

		が	けど	けども	けれども	けれど
形容詞	いい		22	1	1	1
	その他		16			
形容詞＋んだ	いい		29	2		2
	その他		13	2		
形容詞＋です	いい		2			
	その他		4			
形容詞＋んです	いい	2	13	2	4	2
	その他		6	1	2	
合計		2	105	8	7	5

今回の資料でも，「が」が形容詞に直接付く例はなかった。また，イ形容詞に付く助詞は，そのほとんどが「けど」であること，「けど」との結びつきにおいては，「小さいですけど」といった結びつきは相変わらず少なく，その代わりに，次の例のようにイ形容詞に直接付くか，もしくは，「イ形容詞＋んだけど」の結びつきが多い。形容詞もしくは普通体の直截さを「けど」によってやわらげていると考えられる。

(10) ウサギって臭いんですよねー，<u>可愛いけど</u>。　　　（女性 7322）
(11) あの，きた，汚いってことでは，<u>すごいんだけど</u>，あの空間的には，すごいんですよ，昔のー，あのー，洋式建築ってゆうんですか，日本のー。　　　（男性 4983）
(12) いただきもんで<u>ちいさいんですけど</u>。　　　（女性 3350）

2.6 「のだ」への接続

金澤 (2008) の指摘にもあったように,「けど」類の前の述語に「んだ」「んです」が入る場合は少なくない。表 7–10 は,これらの助詞類の前に「んだ」「んです」が入る場合と入らない場合を見たものである。

表 7–10 述語に直接付く場合と「んだ」「んです」が入る場合

	述語	述語+んだ	述語+んです	合計
が	45 （22%）	0 （0%）	163 （78%）	208 （100%）
けど	456 （47%）	273 （28%）	245 （25%）	974 （100%）
けども	89 （53%）	20 （12%）	59 （35%）	168 （100%）
けれども	40 （35%）	5 （4%）	68 （60%）	113 （100%）
けれど	16 （43%）	4 （11%）	17 （46%）	37 （100%）
計	646 （43%）	302 （20%）	552 （37%）	1,500 （100%）
合計	646 （43%）	854 (57%)		1,500 （100%）

表 7–10 から「んだ」「んです」が入る場合の多いことがわかる。今回のデータでは全般に「んです」が多いが,「けど」に関しては「んだけど」が「んですけど」の使用頻度を若干上回った。この「けど」類の前の述語に「んだ」「んです」が入る場合と入らない場合とでどのような違いがあると言えるだろうか。「けど」の前が名詞の場合には,もともと「のだ」自体に名詞機能が含まれているので,次の用例 (13) (14) に見るように,「ですけど」と「んですけど」に大きな違いは見出しがたい。

(13) あのー,じゃ 1 番のあのー,じこーぐか(治工具課)の,おー行動点検のほうですけどもー,えー,まあ非常に囲われた部屋の中での作業とゆうことでー,えー,ま,作業に慣れがあんのかなーとも思ったんですけどもー,(略)　　　　　　　（男性 3684）

(14) えーとですねー,1 番の行動点検なんですけどもー,あのー,えー,非常停止をしてー,えー機械を止めましてー,えーハンドルーそうさー(操作)にしてー,えー,タップとですね,スピンド

ルの,あの,切り離しをやりましたけどもー.(略)(男性 3709)

もちろん,次のように「スコープの「のだ」」の場合には,「のだ」が必要だが,これは「けど」の有無とは関係がない.

(15) こわかったのが,提案なんですけど。 (女性 7207)

「のだが」「んだけど」の問題を正面から論じているものに,野田春美(1995, 1997),李徳泳・吉田章子(2002)がある.それぞれ,幅広く用例を観察しいくつかの知見が得られているが,今後検討すべき問題もある.野田(1997)は,「「のだが」を用いたほうが,従属節の内容から予想される順当な事態が生じなかったことに対する意外性や不満が多少強く示されるようである.」(同 169)と述べている.確かに,書き言葉の場合にはそういう傾向が認められるが,話し言葉では「のだが」が強い不満を表すというのは,「が」と「普通体」の結びつきが行われないためで,スタイル上の制約が大きいと考えられる.また,李・吉田(2002)は,発話末で用いられる「けど」について,「「んだ」をそのまま発話末に残すことを避けることで,断定のムードによってもたらされる感情や気持ちが前面に出るのを弱める」(同 234)と述べている.「思ったんだけど。」と「思ったんだ。」を比べればその通りだが,「思ったんだけど。」と「思ったけど。」については,その差は大きいとは言えない.

(16) これも入ってると思いますけどー,これはあのー,3 月ふつか(2日)に,あのー,いちお,うちの中のー,えーと,えーとあすこに掲示されてると思うんだけど,まー,そのあたりここらへんの話はしますがー,えーと 3 月ついたち(1 日)からなのか(7 日)のあいだありますでー,えーとこの場を借りてー,話しておきます. (男性 3611)

用例(16)に用いられている「と思いますけど」と「と思うんだけど」の違いは，文体以外にどこにあるのだろうか。多くの場合，「が」「けど」類の前の「のだ」は言わないことも可能である。今村和宏（2007）は，野田（1997）が逆接の従属節の事態を聞き手も知っているとみなされる場合には「のだ」を入れず，聞き手が知らないとみなされる場合には「のだ」を入れるのが自然だという説明に対して，必ずしもそのように解釈できない例もあることを示し，「のだ」の選択を「語りかけ度」によって説明している。すなわち，「のだ」は「内容を相手に投げかけ，注意を促し，判断を迫る」（同42）もので，「のだ」はこの「語りかけ度」を高める効果があると言う。ほぼ同じ文脈で「のだ」を助詞類の前に入れることも入れないこともあることから，話し手は自身の強く働きかけたいという発話意図に合わせて「のだ」を使用するか否かを決めている面も大きいと考えられる。

2.7 述語の種類

先に，助詞類の前に来る述語のスタイルの違いを見たが，ここでは述語の種類を見る。「けど」類の前に来る述語の中で頻出頻度の高い語を，表7–11に示した。これらの語で全体の使用数の30％近くを占める。いずれも話者の断定を表す表現ではない点が共通する。

表7–11 使用頻度の高い述語（単位：用例数）

	が	けど	けども	けれども	けれど	計
と思う	34	120	20	11	1	186
ある・いる	12	55	17	10	0	94
（条件）＋いい	2	66	5	5	5	83
と言う	12	44	6	4	0	66
わかる・知る	6	52	4	1	2	65
計	66	337	52	31	8	494

これらの「けど」類に接続する述語の中では，動詞がもっとも多いが，その動詞の中でも，いわゆる思考動詞が三分の一を占め，特に「と思う」が多かった。

(17) A：きょう，雨降るのかな。
　　 B：いやー，きょう降らない<u>と思いますけど</u>〈笑い〉。（男性 6012）
(18) M：まだ若いから，ねー↑，こういうの使う必要ない<u>と思うけどー</u>。
　　 F：それでもなんかー，禿げてきたんですけど。〈間　7 秒〉
　　　　　　　　　　　　　　　　　　　　　　　　　　　（男性 6917）
(19) M：でー，ちょっとま，あんまりちょっと目立つこともできないんでー，あのー，こちらも極力折れるところは折れよう<u>と思ってん★ですけどー</u>。
　　 F：→あー，わかりました。←　　　　　　　　　　　（男性 1295）

　森山（1992）は，「と思う」の基本的意味を「個人情報の表示」ととらえている。発話中では，統語的に「けど」がなければ節はつながらないが，発話末では必ずしも必要ではない。しかし，この個人情報であることを表示する「と思う」がなければ，話し手は発話内容を断定的に言い切ることになる。次の 3 節で「けど」類の意味，用法を考えるが，「言いきりの回避」の働きを持つ「けど」類と「と思う」とは，用法に重なるところがあり共起することが多いと考えられる。3 番目に多く用いられている述語は，「のはいい」「てもいい」「ば／たら／といい」等の条件とともに使われる「いい」類である。

(20)　だから，ねー，なんか，ほら〈間〉趣味がある人とかだったら，ま，そういうもん買ってくれば<u>いいけどぉー</u>。　（女性 456）
(21)　ぼろいん，ほら，ぼろくて安いんなら全然<u>いんだけどー</u>。
　　　　　　　　　　　　　　　　　　　　　　　　　　　（女性 633）

　山田進（2000）は，こうした用法の「いい」は，基本的に「ある事態を受け入れることができる」ということを示すと述べている。「と思う」と同じく，断定的な判断を避けるために使われており，モダリティ表現のように機能し

ている。
　「けど」節に現れる述語で，2番目に頻度の高い語は「ある」「いる」，4番目に高い語は「言う」「わかる」「知る」類であった。「ある」「いる」には，「ことがある」を含め，「動詞＋てはいる」は含めていない。また，「言う」には，「と申す」「と言われた」等を含めた。

(22) M：ことさら悪いところを〈笑いながら〉どうしようといってた感じも，確かに<u>あるけど</u>な。　　　　　　　（女性6337）
(23) あんまりおいしくない<u>とはゆったんですけど</u>，初物（はつもん）だってゆったから柿を持ってきました。〈笑い〉　（女性3348）

「ある」「いる」「言う」は，客観的な事態を表す述語で，話し手の判断を示さない。このことから，「けど」類が事態をありのままに提示する節，もしくは，話し手の主観を控え目に述べる節で多用されていることがわかる。また，「わかる」「知る」は，「けど」の場合，肯定形が15例，否定形が37例と，否定形が多く使われている。次の (24)(25) の否定形の場合には，主張をはっきりさせない「けど」との意味の重なりが感じられる。

(24) 営業用が残ってるかどうか<u>わかんないけど</u>。　　（男性5278）
(25) みかけは<u>わかんないんだけど</u>ハードん中身変わってるんですね↑
　　　　　　　　　　　　　　　　　　　　　　　　（男性5881）

この否定形の例に対して，肯定形の場合は次のように条件形とともに使われ，対比，逆接の意味を持つことが多い。

(26) ただ，えー，写真原稿見ていただければ<u>わかるんですけど</u>，明らかに色が違うんですね。　　　　　　　　（女性889）
(27) いってから朝一番なら<u>わかるけど</u>，あんた，いわないで朝一番なの，（はい　他者（男））要領が悪いのよ，そうゆうのって。

（女性 4180）

　「けど」が，どのようなモダリティ表現に接続するかを次の表 7–12 に示した。「形式名詞＋だ」は，表にあげたもののほかに，「ものだ」「ようだ」「ところだ」が各 2 例，「だけだ」「そうだ」が各 1 例あったが，「べきだ」はなかった。

表 7–12　共起するモダリティ表現（単位：用例数）

	が	けど	けども	けれども	けれど	計
たい／てほしい	6	18	1	3	0	28
かもしれない	3	19	1	2	2	27
らしい	0	10	0	1	1	12
だろう／でしょう	0	7	3	0	0	10
わけだ・わけじゃない	1	5	2	1	1	10
てはいけない	0	6	0	0	1	7
ことだ	1	2	1	1	1	6
はずだ	0	2	0	1	0	3
みたいだ	0	3	0	0	0	3
ねばいけない	1	0	0	0	0	1

　「けど」類の前に来るモダリティ表現には，推量，希望等を表すものが多い。逆に「べきだ」「なければならない」等の当為のモダリティ表現は現れないことから，「けど」が強い断定を表す表現とは共起しないことがわかる。

2.8　終助詞との共起

　表 7–13 に終助詞との共起を示した。「けど」類に終助詞が付加される場合は合わせて 184 例だったが，その大半は「ね」で，次が「さ」であった。これは，相手に共感を求める「ね」「さ」の意味から納得できる。興味深いのは，「ね」と並んで，会話で頻度の高い「よ」が一つも現れない点である。表現としては，「だけどよ」は可能である。しかし，もし用いれば「よ」がもともと持つ相手に自分の考えを押しつける意味がさらに増幅されて非常にぞんざいに響くため，今回扱った会話データでは避けられたと考えられる。

表 7-13　共起する終助詞（単位：用例数）

	男性	女性	計
ね／ねえ	62	69	131
さ／さあ／っさ	25	17	42
な／なあ	9	2	11
計	96	88	184

　従来,「が」「けど」は,いっしょに扱われることが多かった。しかし,それぞれの接続助詞には使い方に異なる点がある。ここでとりあげた一連の接続助詞を「けど」で代表させることはそれほど問題がないが,「が」は,使用頻度が「けど」よりはるかに少なく,また共起するスタイルと述語に制約があるので,その点を考慮する必要がある。

3　「が」「けど」類の意味と用法

3.1　「けど」節類の基本的意味

　2 節で得られたデータを参考に,本節では「けど」類の持つ基本的な意味を考えてみたい。

　「けど」類は,発話中に用いられることも多く,接続助詞の機能は失っていない。接続詞,接続助詞の「しかし」「が」「けど」等は,従来「逆接」に含まれることが多いが,多くの先行研究が単なる逆接ではないことを指摘している。「が」は,格助詞の「が」を出自とする（石垣 (1944),森野宗明 (1969)）ため,前後を切り離す働きが強い,というよりも,そうしたものが接続助詞として独立したと考えられる。今回のデータ中,次の (28) の下線の「が」は格助詞なのか接続助詞なのか判然としないという点で,その出自を示しているとも言える。

　　(28)　{宗教団体名}もねー,ほんとは行くはずだったんだけど,中国にねー,ただ,{宗教団体名}は{社名}をね,経由して行くはずだっ

たの<u>が</u>{社名}がこけたからさー。　　　　　　（男性 2660）

　佐竹久仁子（1986）は，「シカシ・ガ・ケレドモ類の接続詞は，」「実際は逆接にはおさまらずもっと広い範囲で使われている」（同163）として，「前後件を直接あるいは間接に否定的に関係づけるものとして」（同166）見ている。前田（1995）は，「スキーはできるけれども，スケートはできない」という文について，この文は「スキーはできて，スケートはできない」というテ形の表現に近いこと，また，「スキーはできるけれども，スケートもできる」という二つの事態の共存も表現できることから，「ケレドモは，いわば前件からは予測できないような種々の事態を後件に述べることができ，それらの一つが逆条件あるいは逆原因的事態であるにすぎず，厳密には論理文の中に入れるべきではない」（同505）と述べている。浜田麻里（1995）は，「しかし」を「ところが」と比べ，「しかし」の基本的な意味として「一つのことがらについてＰという側面が存在すると同時に，それと異なるカテゴリーに属するＱという面が存在するということを示し，結果的に「Ｑにも注目せよ」ということを表示する」（同589）と述べている。接続詞は前後が文で，接続助詞は従属節に置かれるという違いはあるが，「しかし」に意味的に近い「けど」節も，後続する主節に注目せよという働きを持っていると考えられる。林知己夫（1996）は，この働きをアンケート調査の提示文における日本語の問題という観点から明らかにしている。

　林の調査では，「自分が使われるとしたらどちらの課長がよいか」という質問に対する回答として，次の二組の文を用意した。

①1　規則をまげてまで，無理な仕事をさせることはありませんが，仕事以外のことでは人のめんどうをみません
　2　時には，規則をまげて無理な仕事をさせることはありますが，仕事のこと以外でも人のめんどうをよくみます
②3　仕事以外のことでは人のめんどうはみませんが，規則をまげてまで，無理な仕事をさせることはありません

4　仕事以外のことでは人のめんどうをよくみますが，時に規則までまげて無理な仕事をさせることがあります

①の提示文では，約85％対10％強の割合で，「めんどうをみる課長」を示す2が選ばれた。ところが質問文の前後を入れかえた②の提示文では，3と4の課長がそれぞれ約5割弱で選ばれた。①の提示文の結果からは「人のめんどうをよくみる」課長が選ばれているにもかかわらず，それが従属節で述べられている②の場合には選ばれない。すなわち，「が」節には，話し手の主張は強く示されず，「が」節自体は，後続節に注目せよというサインとして働いていると考えられる。

　ここでは，「が」「けど」類の基本的な意味を「異なる側面があることを示すこと」かつ「後続節焦点化」と考える。従来の逆接という解釈は「けど」類の機能の一つにすぎないと考える。ただし，後者の「後続節焦点化」は，逆接と呼ばれる接続詞，接続助詞の多くに共通する性質と言える。

3.2　「が」「けど」節類の機能

　「が」「けど」節類の機能を考えるにあたって，接続助詞類の終助詞的用法に着目した白川 (2009) の研究を見ておきたい。白川は，従属節だけで言いたいことを言い終わっている文を「言いさし文」と定義し，ケド節の機能を「聞き手に参照情報を提示すること」にあるとした。白川の考察は，従来省略や倒置とされた接続助詞の言い終わり用法に，言いきりの文と同等の完結性があることを指摘した点で意味がある。白川では「言いさし文」と「完全文」とを別のものとして対峙させているように思われるが，日常の会話においてそもそも完全文が存在するのか，完全文が何をさすのかについては疑問がある。会話では頻繁に中断があり，話し手自身の言いよどみ，言いなおしなどもあって，主述が対応して完結する文は多くない。ここでは，「言いさし文」「完全文」という区別はつけずに，発話内に現れるすべての「が」「けど」類を対象に考えていくことにする。

　「が」「けど」類の意味，機能を，大きく①前置き，②逆接・対比，③言い

きりの回避，④注釈，の四つに分ける。「が」「けど」類の基本的な意味と考えられる「異なる側面があることを示すこと」かつ「後続節焦点化」は，発話内の現れる位置や文脈によってどちらかの意味合いが強まったり弱まったりする。以下，順に見ていく。
①前置き
　発話の言いはじめに現れる「けど」類は，ある話題を持ちだすにあたり，談話の主題をまず示すことによって，次に続く主要な話題を述べる導入となっている。「については」といった意味で話題を導入するので，名詞述語がよく用いられる。

(29)　えーとー，CK 点検，2 番なんですがー，　　　（男性 3771）
(30)　次はー，{名字}先生ですけど。　　　　　　　（女性 1401）

話題を導入するものではないが，話の切りだしに使われる次のような使い方もある。

(31)　行（ぎょう），うん，なんだかよく分かんなん（ママ）だけど，行挿入で普通なんにもないところから（ええ，他者(男)），データ入力していきますよねえ。　　　　　　　　　　　　　（女性 10963）

また，次のような表現もよく用いられる。これは杉戸（1983）の言うメタ言語にあたる。

　名詞述語の例
　小さいことだけど，たとえばですけど，ぶちあけた話なんですけど，提案なんですけど，変な言い方だけど，ちょっと早い話なんですけど，さっきの続きだけど，変な話だけど，別件なんですけど，お願いなんですけど，
　形容詞の例

しつこいですけど，悪いんだけど，ちょっと細かいんだけど
動詞の例
前お話ししたんですけど，前にお話をしましたが，すいませんけど，お聞き苦しいと思いますが，話戻るけど，話はがらっと変わるけど

②逆接・対比
「が」「けど」類が逆接・対比の意味を示すのは，統語的には，とりたての「は」「も」が用いられ，「昔－今，大きい－小さい」といった対照的な叙述が表現される場合が典型である。用例 (33) は，書き言葉の例である。

(32) トカゲはだめ<u>だけど</u>，蛇平気なんですよ，ぼくは。（男性 5327）
(33) 各社とも入札の段階で燃料は特定しない<u>が</u>，石油や液化天然ガス（LNG）よりも燃料費が安い石炭になる見込みだ。東北，中部，九州電は自ら落札して建設に乗り出す考えだ<u>が</u>，関電は「今の経営状況では厳しい」（八木誠社長）として外部に委ねる方針だ。
(朝日 2014.3.28.)

③言いきりの回避
　発話において，「けど」類が文末で用いられる場合もある。この場合，「けど」類は別の面があることを示す働きがあるため，「けど」節自体の叙述内容は強く示されないことになる。また，「けど」類が言いきりで用いられる場合には「けど」のもう一つの基本的な意味である「後続節焦点化」が大きな意味を持つこともある。すなわち，話し手はまだ発話が続くことを意識している，というサインとして「けど」類を用いる。

(34) A：→そうですね，よく←，はい，はい。
　　　B：それから，あと［名字］さん，（わかる　Inf(女)）は，（ええ，ええ　Inf(女)）［名字］先生に★おたずねしたってゆうように聞きました<u>けど</u>。

A：→そうです，←とてもいい，かたですけど。　　　（女性1628）

(34)の用例で，発話者Aは，人を推薦しており，二つ目のAの「けど」は，文脈から対比を意味していないことは明らかである。人を推薦する場合には「とてもいいかたですよ」や「とてもいいかたです」という表現も自然だが，「けど」を用いるのはなぜなのか。話し手は，自身の主張を弱めると同時に，この文脈では，相手に「あなたはどう判断するでしょう？」と会話が続くサインを示していると考えられる。次の用例も，そうした側面が強い。

　(35)　「田口さんというのは，ご主人の同僚であることは間違いないのですね？」
　　　　「ええ，同僚っていうか，主人の部下でしたけど」　　　（遺骨）
　(36)　「お宅のお寺はどちらですか？」
　　　　「山口県です。日本海に面した長門市というところですけど」
　　　　　　　　　　　　　　　　　　　　　　　　　　　　　　（遺骨）

(35)(36)の用例において「けど」がなくても文は成りたつが，話し手は，相手の質問に答えつつ，質問の意図がその質問のほかにあると察していることを「けど」によって示している。このように「言いきりの回避」にあたる用法では，「けど」類の基本的な意味である「異なる側面があることを示すこと」かつ「後続節焦点化」が，話し手の主張を弱めると同時に，次に会話が続くことを話し手が意識しているサインとして働いている。

④注釈
　次のような用法を注釈と考える。

　(37)　〈果物屋の店先〉パイナップル食べない？　いま入ったばっかなんだけど　　　　　　　　　　　　　　　　　　　　　　　　　　（池袋）
　(38)　「先ほど，特設スタジオの電話にかけていただいたときには，あ

なたは，自分はこの事件の犯人だ，話したいことがあるから電話したとおっしゃったそうですが？」
「そうそう，そう言いました。なかなか信じてもらえなかったけど」 　　　　　　　　　　　　　　　　　　　　　　　　　　（模倣）

(37) の用例は，「前置き」としても使えるが，ここでは話し手が主節を前に出したため，「けど」節は後ろにまわり，注釈の機能を持つことになった。(38) の用例は，「言いきりの回避」でもなく，前の文と順序を入れかえることもできない点から，話し手は注釈的に付加したと考えられる。三上 (1953) は，「ちょっとお伺いしますが，郵便局はどちらでしょうか？」「あの人には，私も会ったが，とても元気だね」(同 301–302　原文は漢字以外カタカナで旧仮名づかい) における「が」は，主節の内容とは無関係で，順接でも逆接でもないとして平接の「が」と呼んだ。ここでの分類の「前置き」と「注釈」は三上の平接の「が」にあたるが，実際の発話において，話をスムースに進めるために前置きを置くことと，補足的に後から付け足しを行うのとは別の意図を持つものであり，必ずしも置きかえられないので，ここでは二つに分けた。話は切りだされているが，主要なテーマを補いたいと思った時，また，主題に付随情報をつけたいと思った時，明確な論理的意味を持たない「けど」類は使いやすい便利な表現と言える。

4　まとめ

本章では，まず，2 節において「けど」類の用法を実際の話し言葉データにあたって調べた。今回の話し言葉データの分析からわかったことをまとめると，次のようになる。

①総数 1500 のうち，「けど」の使用が 65％を占め，圧倒的に多い。それに続く「が」は 14％にすぎない。

②接続助詞と呼ばれてきたが，「けど」は，発話末，談話末でもよく用いられる。

③「が」「けど」「けれども」は男女の使用頻度に大きな差は見られないが，「けども」はもっぱら男性が用い，「けれど」は絶対数は少ないが，もっぱら女性が用いる。
④文中で，「が」は普通体を受けることが多く，「けど」「けども」は「です体」「ます体」に接続することも多い。文末が丁寧体の場合，文中の「が」は丁寧体をとり，「けど」類は普通体の場合も半数近くあった。しかし，文末が普通体であっても文中で丁寧体が使われることもあり，話し言葉においてはスピーチレベルシフトが頻繁に起こっている。
⑤これらの助詞とともに用いられる述語には，「と思う」「条件＋いい」といった話し手の判断を控え目に述べる表現，「ある」「いる」「と言う」といった客観的な叙述表現が多い。
⑥述部とこれらの助詞との間に「んだ」「んです」の入る場合が半数近くある。

　「が」「けど」類の基本的な意味は，「異なる側面があることを示すこと」かつ「後続節焦点化」と考えられる。実際の用法は，大きく①前置き，②逆接・対比，③言いきりの回避，④注釈，の四つに分けられる。
　先に，文末が丁寧体である場合，文中の「が」は丁寧体を受けるのが普通で「が」が普通体では用いにくいことを見た。これには，「が」の通時的変化にも原因が求められるだろう。石垣（1944）は「思ふが悲しさ」という上代の例が，平安期には「程なく籠りぬべきなめりと思ふが悲しく侍るなり（天の羽衣）」と変化したことについて，「かくて喚体形式は全く述体形式に移ったのであるが，「が」助詞変遷の過程に於て此の事実は誠に特筆大書するに足るものである。何となれば主格「が」助詞が用言を承け得るに至つた事こそ，爾後の活発なる「が」助詞変遷を可能ならしめる根底であり，局限すれば「が」が接続助詞たるべき運命も此の時に約束されたのであるとさへ云ひ得べきだからである」（同1981：467）と述べている。「けど」類も，もともと条件を表すものであったが，「近世前期になると，急速に用法を拡大し，「けれど」のほかにすでに「けど」の異形も生じ，活用語一般の終止形に下

接するとともに，接続詞としての用法も現われる」(土井洋一 1969: 415) と言う。現代語において,「が」「けど」類が接続助詞にとどまらず終助詞の機能も担うようになっているのは，実は「が」が叙述形を受けるに至った時から始まった変化にあると考えることができる。

第 8 章

「だ」が使われる時

1 はじめに

　これまで「だ」は名詞述語として働くとされてきた。渡辺 (1971) の構文論においては，文を構成するものとして統叙，再展叙，陳述がある。すなわち，「統叙の働きによって備わった叙述内容を素材として，再展叙がはたらかず陳述が働いた時に，はじめて文は成立する」(同 92) のである。そして，助動詞の「だ」は，「統叙をしか分担しないもの」(同 125) とされる。しかし，この「だ」に，名詞述語を作る働きに加えて，陳述の働き，モダリティ性を認めようとする立場がある。その一つは，文末の「だ」にモダリティ要素も認めるもので，泉子・K・メイナードに代表される。メイナード (2000) は，「だ」を情報の「だ」と情意の「だ」に分け，前者の情報の「だ」は，おもに情報の場で命題構成のために機能し，後者の情意の「だ」は，おもに主体の情的態度の表明のための指標として機能すると言う。次のメイナードの例で，最後の発話の「です」が情報の「だ」，次の「だ」が情意の「だ」にあたる。

　　（1）　わたしに追いつくと，佐藤くんは，フウっと大きく息をした。
　　　　「あんた，いつもノロマなのに，こういう時だけ速いんだ――」

[175]

　　　　いきなりこれだもの……。どーせ，ノロマですよぉ……だ。
　　　　　　　　　　　　　　　　　　　　　　　　　　　（同 189）

　従来の名詞述語用法にかわって，文末の「だ」はモダリティ要素しか持たないと考える立場もある。荘司育子 (1992)，鈴木 (1993) は，正面から「だ」の問題を扱ったものではなく，荘司は，疑問文と「か」の関係を見る上で，また，鈴木は「女性語」の特徴を考えるにあたって，「だ」にモダリティ的要素があることを指摘している。荘司は，次のような事実に着目した。

　　（2）a　来週の委員会には　出席する↗
　　　　b　来週の委員会には　出席します↗　　　　　　（同 42）
　　（3）a　*岡山の名産は　マスカットだ↗
　　　　b　*岡山の名産は　マスカットです↗　　　　　（同 42）

荘司は，「ます」は丁寧さを担う要素と考えられるが，「だ」はほかの機能も併せ持っているために疑問化しにくいと考える。ただし，井上史雄 (1998) は，女性店員が客に「スーツです？」と話しかける「カ抜き」現象が増えていることを指摘している。また，問い返しの用法なら (3) の文は可能である。荘司は，「だ」は，文末において男性は使っても，女性は使わないことが多いことから，丁寧体の「です」に対応する普通体は，「だ」ではなく，「だ」を削除した形と考えている。荘司 (1992) 自体は，「だ」の分析を目的とする論文ではないが，その注書きにおいて「「ダ」という形式は英語の be 動詞にあたるようなコピュラと理解するよりも，むしろ意味的機能は断定，判断を担うモダリティで，統語的機能としては後続する言語形式（過去や完了の時制辞，伝達のモダリティ形式など）を導くためのものにすぎないのではないか」「現在形の言いきりで終わる「ダ」はオプショナルなものではないか」（同 49）と述べている。メイナードが「だ」のことがら的側面まで否定していないのに対して，荘司は，「だ」をモダリティを担う要素と考えていることになる。

メイナード，荘司，鈴木らが指摘するように，「だ」がいわゆるモダリティの要素を持つことは否定できない。しかし，また，文内において省略できない必須要素の「だ」も存在する。ここでは，文末だけに注目するのではなく，文の中で「だ」が構文的に必要なのはどういう場合なのか，そして，それぞれの「だ」がどういう役割を担っているのかを考えたい。「だ」の扱いにおいて，話し言葉と書き言葉とでは異なるところが大きいので，基本的に話し言葉を中心に考えるが，書き言葉についても若干ふれる。ただし，ここで言う話し言葉は，第7章で紹介した野間 (2008)，金 (2013) の「話されたことば」ではなく「書かれたことば」における話し言葉である。「だ」が構文的に必要な時を考えるにあたっては，文末，文中，文頭に分けて，この順に見ていく。その前に，「だ」の活用と働きについて本書の立場を次に示す。

2 「だ」の活用と働き

「だ」の活用を次のように考える。

	基本系	タ系
言いきり形	だ	だった
連体形	な／の	だった
連用形	に／で	だったり
推量形	だろう	だったろう
条件形	なら／ならば	だったら

ここでは，「だ」の活用形すべてを考察の対象とするのではなく，この活用形の一つ，言いきり形の「だ」を観察する。

日本語の名詞述語文は，話し言葉においては「X は Y。」でも意味は通じ，また「X は Y だ。」と「だ」で言い切る文は女性は普通用いないこと，さらに，日本語の文では文末が述語で終止しない文も半数近くあるという金 (2013) の観察を考え合わせると，名詞述語文の基本形は「X は Y。」とも考

えられる。そして,「だ」を付加すると,ことさらに断定,確認の意味合いが加わる。「X は Y だ。」という名詞述語文が,動詞,形容詞文と異なるところは,この断定,確認の意味が形に示されている点にあると考えられる。

名詞述語文自体は,多くの言語に見いだされる一般的な現象と考えられる。Benveniste, E. (1966, 1983) は,名詞文 (Benveniste は,《be》動詞のない文も考察の対象にしているため,名詞述語文とは言っていない) の現れる言語を数えあげるよりそれを知らない言語を数えあげた方が簡単に済むと,名詞文が一般的な現象であることを述べている。しかし,名詞述語文に関する比較対照研究は,日本語においても多くはない。カモンオーン・コモンワニック,沢田奈保子 (1993) は,タイ語と日本語の名詞述語文を比較し,タイ語には pen と khww という 2 種類のコピュラの使い分けがあること,その使い分けは,pen は集合の属性を問題にし,khww は集合の類名を指し示すことにあると述べている。日本語にはこの使い分けはない。劉雅静 (2012) は,中国語と日本語の一語名詞文を比較している。それによると,犬が何かをくわえて庭に戻ってきた時に,何だろうと思って見た場合には「あ,スズメだ!」,「啊,是 (只) 麻雀!」はともに成立するが,物置の掃除中に鼠がいることに気付いた場合は,「あっ,ネズミだ!」は言えるが,「啊,是 (只) 老鼠!」は言えないと言う。こうした例から,日本語では見た瞬間に「それが何であるか」を「だ」で表すだけでなく,「何だろう」という認知過程を経たのちに判断を述べる場合にも「だ」が使えるが,中国語の「是」には後者の意味はないと言う。「だ」の意味範疇は,日本語を観察するだけでは得にくい知見であり,日本語の「だ」が持つ判断,確認という意味も今後さらに吟味される必要があると考える[1]。

3 「だ」のモダリティ性

「だ」のモダリティ性については,メイナード (2005) がいくつかの例をあ

---

[1] 田野村忠温 (1990) は,平叙文における判断に〈推量判断の実践〉と〈知識表明〉という区別をしている。

げ，また，李明熙（2011）は「だ」形とゼロ形の選択をスピーチスタイルとの関係で見ている。しかし，文末に限らず文に現れる「だ」の用法を網羅的に扱ったものは見あたらないので，ここではできるだけさまざまな用法に目配りしたい。

　名詞述語の「だ」が構文的にどういう場合に義務的で，いつ義務的でないのか，それを考えるにあたっては，次の二点を中心に，文末，文中，文頭に現れる「だ」について見ていく。

　①「だ」を省略してもその表現が成りたつか。
　②「だ」が「です」に言いかえられるか。

大ざっぱに言って，「だ」が省略可能なものは文末に現れ，文頭と文中では「だ」は省略できないことが多い。一方，「です」への言いかえについては，その表現が対者的なものか独話的なものかが関係している。

3.1　文末

　文末での「だ」の現れ方は，そもそも名詞の後ろに「だ」が現れるか否か，また，現れる場合，どのような結びつきの形で現れるかによって，大きく次のように分けられる。

①	何もつかない場合	例	これは辞書。
②	「だ」のみの場合		これは辞書だ。
③-1	「だ」に終助詞が付加する場合		これは辞書だね。
③-2	「だ」が付加せず，終助詞だけの場合		これは辞書（さ／よ）。
④	その他：「だ」を含む助動詞		これは辞書なんだ。

以下，それぞれの場合について見ていく。

① 文末に何もつかない場合

　「だ」は，名詞述語の働きを持つものだが，述語の「だ」がなくても表現が理解されることも多い。「これ，辞書」だけでも十分理解可能な場合もあ

るし，日本語では「XはY」と，「は」を用いることで，XとYが関係づけられる。その意味で，先にも述べたように文末の「だ」は叙述に必須の要素とは言えず，多かれ少なかれモダリティ性を持つと考えられる。

　劉（2012）は，一語名詞文の可否について次のような例をあげている。

　　　（4）（手近にあった粉末を砂糖だと思ってコーヒーに入れたら，すごくしょっぱくなった）「わー，塩だ！」　　　　　　　　（同 95）

そして，「わー，塩！」と，「だ」を伴わない文は不自然だと判断している。「だ」を伴わない発話は，話し手の判断が示されず，存在そのものを語る表現になってしまうというのがその理由だが，筆者には「わー，塩！」という発話も可能なように思われる。ただし，その場合は，塩が「しお」と一音一音にアクセントが置かれて発話されるのが普通だろう。すなわち，「だ」のモダリティ性は，イントネーションのみでも表しえると考える。近年会話資料が容易に入手できるようになったが，その多くは音声が伴っていないため，こうした音声を含むモダリティに関わる分析は今後の課題である。

② 　文末が「だ」のみの場合
　「だ」が文末にある時，どのようなモダリティ性を持つだろうか。それを考えるにあたって，男女共通に使えるか，「です」への言いかえが可能か，の二点を基準にする。男女共通に使えるかという判断基準は，一見あいまいなようにも思われる。女性でも男性と同じような言い方をすることは可能である。しかし，その場合は，きつい言い方をすることで，ある効果を意図しているわけで，女性が普通に使う表現とは区別されるものと考える。
　「だ」で言い終わる場合，男女が共通に用いる「だ」と，男性だけが使う「だ」の二通りがある。それぞれの用例にはさまざまなものがあり，重なり合うものも多い。線引きは難しいが，以下のように分ける。用例の前のMは男性の発話，Fは女性の発話であることを示す。

3 「だ」のモダリティ性 | 181

<u>男女共通に用いる「だ」</u>

　男女共通に用いる「だ」は，いずれも「です」に置きかえられない。ここにあげるものは，他者めあてではない，自分に向けた発話のためである。「感情の吐露」「不満・非難」「発見」「思いあたり」に分けられる。

1) 感情の吐露

　　（5）M「もう，だめ<u>だ</u>……」　　　　　　　　　　　　（ひき逃げ）
　　（6）F 伸子は天を仰いで，「もうだめ<u>だ</u>」と呟いた。　（女社長）
　　（7）F「あっ，男子が騎馬戦の練習してる」F「ほんと<u>だ</u>」
　　　　　　　　　　　　　　　　　　　　　　　　　　　（ちびまるこ）
　　（8）M「物好きな奴ばっかり<u>だ</u>！」と，呟いた。　　　（オペラ）

　（5）（6）と，同じ発話が男性にも女性にも使われている。

2) 不満・非難

　以下の例では，他者への非難を確認的に述べている。「だ」の前に間があることで，その前の非難表現である文が客体化される。

　　（9）M「ざまあみろ，<u>だ</u>」
　　（10）F「へん，<u>だ</u>」　　　　　　　　　　　　　　　　（オペラ）

3) 発見

　この場合には，「だ」は具象名詞，代名詞に続く。

　　（11）F「あ，お茶屋さん<u>だ</u>！」　　　　　　　（朝日 2001.3.24.）
　　（12）M「おっ，旅籠<u>だ</u>。今日はここに泊まろう」（朝日 2001.3.24.）
　　（13）M1「何だよ　見せろよ。」M2「ゲッ，トカゲ<u>だ</u>！」（ひき逃げ）
　　（14）M「あった！これ<u>だ</u>！」　　　　　　　　　　　　（金田一）

4) 思いあたり

現在の思考内容と記憶にあるものとが一致した時の表現である。これまでにあげてきた四種類の「だ」の用法の中で、この「思いあたり」の用法だけが「だ」を省略しにくい。

  (15) 「そうか、『絵』だ……」そうつぶやいて、ハジメは、椅子から
     跳ね上がった。   （金田一）
  (16) F「あ、そうだ、ねえ、研究室行った？」   （シコ）

<u>男性だけが使う「だ」</u>

以下の「だ」は、男性だけが用いる表現である。いずれも他者めあての発話である。

5) 主張・強調

  (17) F「私、中年の人って好みなの。ねえ、栗山さん」M「栗原だ」
                     （オペラ）
  (18) F「お父さん、そんな身内の恥を」M「いやええんだ。これが供養
     だ」   （ひき逃げ）
  (19) F「捜してあげるわ。どんな人？」M「若い女性だ」 （オペラ）
  (20) M「うそだ！」尾島がまたどなった。   （女社長）

6) 宣言

5)の「主張・強調」、6)の「宣言」、そして次の7)の「命令」は、意味的に近く連続している。

  (21) M「これは神聖なコンクールだ！」   （オペラ）
  (22) M「俺は明日からアメリカだ。二週間戻らん」 （女社長）

3 「だ」のモダリティ性 | 183

7) 命令

　「だ」に命令の意味合いが出てくるのは，「だ」の前の名詞に動詞的性格が含まれている場合である。

　　(23) M「礼だ，礼をしろ」　　　　　　　　　　　　　　　（シコ）
　　(24) M「そのほかの者は，競技とおどりの練習だっ」　　　（ちびまるこ）

8) 疑問

　この用法には疑問詞が必要である。

　　(25) M1「年はいくつだ」M2「―38です」　　　　　　　（蛇蠍）
　　(26) M「どういうことだ」あずさ，答えず...　　　　　（ひき逃げ）

疑問詞がない「年は38歳だ？」は次の問い返しの意味になる。

9) 問い返し

　以下の用例 (27) は，かつて発話者の親が「おまえは陸の王者だから，おまえの名前は陸王だ。」と言ったのを受けて，その発話を繰り返しているものと言える。

　　(27) M「都合のいいこと言うんじゃねえよ！陸の王者だから陸王だあ？
　　　　　絶対慶応入れだあ？」　　　　　　　　　　　　　（ひき逃げ）

「って」の用法分類を行った第 6 章では，すべての述べたての文は問い返すことが可能であるという理由で，問い返し用法を分類に含めなかった。ここで問い返しを一つの用法として立てたのは，男性だけが使うという点で特異だからである。ここにも「だ」のモダリティ性が示されている。以上，「だ」で言い切る場合の意味と用法を，男女共通の用法と男性だけの用法に分けて観察した。

③　文末の「だ」と終助詞

　「だ」に終助詞が付加する場合としない場合とがあるのは，終助詞自体の性質による。

　次は，文末の「だ」に付加する終助詞と付加しない終助詞である。必ずしも終助詞に分類されないものも含めた。

「だ」と共起しないもの　　　：「さ」「じゃん」「か」「の」
「だ」と共起するもの　　　　：「ぜ」「ぞ」「な」「わ」「っけ」「って」「とも」
　　　　　　　　　　　　　　　「こと」「もん」「い（疑問詞疑問文の場合）」
「だ」と共起する場合としない場合とがありえるもの：「よ」「ね」

　「だ」と終助詞の関係について，次の点が指摘できる。
　1）終助詞の「ぜ」「ぞ」はもっぱら男性，「わ」は女性が用いる。「ひまだとも」「いつだい」は男性，「きれいだこと」は女性が用いるが，現代語ではあまり耳にしない。「だな」については，男女とも表現が成りたつが，男性が他者に対しても使えるのに対して，女性は独話で使うことが多い。

　　(28)　M「小説家の松本清一<u>だな</u>，死んでもらうぜ」　　　　　　（鎌倉）
　　(29)　F「雨<u>だな</u>。」

　2）「だ」と共起しない終助詞として「さ」「じゃん」「か」「の」がある。まず「さ」については，「だ」と「さ」の働きに重なり合うところがあると考えざるをえないが，このことは「だ」が終助詞のように機能していることを示しているとも言える。「じゃん」は「ではない」が変化したものと考えられるから叙述性は明らかで，「だ」とは共起しない。「の」は，名詞性を残しているために「なの」という形でしか接続しない。しかし，「彼は出張中ですの」「あれはうそですの」という表現を女性は用いる。これは，「ので」の接続においても見られる「出張中ですので休みます」と同じく，丁寧さを求めたための用法と思われる。「だか」「だの」は文末では用いない。

3) 「だ」が共起する場合としない場合とがありえる終助詞「よ」「ね」については，次に見るように，女性が「だ」を省く表現をもっぱら用いる。

 男女とも　：上手だね。　　上手だよ。　　あしたは雨だよね。
 女性のみ　：上手ね。　　　上手よ。　　　あしたは雨よね。

3.2節の文中の用法で再度述べるが，男性が「これはだ，……」と終助詞を付けずに「だ」だけの表現が可能なのに対して，女性は一般に「だ」を使わず，終助詞のみを用いる。

 男性： これはだ，　これはだ {な・ね}，これは {な・ね・よ・さ}
 女性：*これはだ，*これはだ {な・ね}，これは {ね・さ}

④　文末の「だ」を含む助動詞

 文末に「だ」が現れる形式としては，以上のほかに，形式名詞に「だ」が接続して助動詞化したものがある。この中で「のだ」は，ほかの形式名詞より意味の抽象度が高い分，使用範囲が広い。まず，それから見ていく。

1)「の(ん)だ」

 「のだ」のさまざまな用法について，吉田滋晃 (1988) が「のだ」文内で指摘できる役割と，当該文とその前後の文との間に生じる役割とを分け，文内の表現効果として「告白」「教示」「強調」「得心」「再確認」「決意」「命令」の七用法をあげている。近藤安月子 (2002) は聞き手を必要とする「のだ」の用法を「理由・原因の説明」「前置き」「告白」「言いかえ」「気づき」「決意」「命令」の七つに整理している。これらの「のだ」の用法の分類名と先に見た「だ」の分類名とは重なるものもあり，当然ながら共通するところがある。文末に置かれる「だ」と「のだ」には，以下のような共通点と違いがある。

 a)「だ」「のだ」ともに「か」とは結びつかない。

b)「だ」「のだ」ともに他者めあてか独話かによって使い方が分けられる。すなわち，独話の「だ」と「のだ」(用例 (30) (31) の a 文) は，丁寧表現の「です」に置きかわらない。

(30) a　独話：「ふん{だ・*です}。」
　　 b　対者的：「うそ{だ・です}。」
(31) a　独話：(はっと飛び起きて我に返り)「寝坊した{んだ・*んです}。」
　　 b　対者的：「どうしてこなかったの」「寝坊した{んだ・んです}。」

c)「だ」「のだ」とも命題内容に関わらない。しかし，「のだ」は先行情報を必要とし，「だ」は必要としない。

近藤 (2002) は，「のだ」によって談話に導入された情報を聞き手がどのように理解するかという視点がこれまでの分析には欠けていたとして，「のだ」の手続き的意味を次のように規定している。

「ノダ」の手続き的意味：
　会話に「P ノダ」という形式の発話が導入された場合は，次の処理手続きをとれ。
　a　先行文脈に P → Q あるいは P = Q の連接関係が成り立つような命題 Q を検索し，それに関連させて命題 P を文脈化せよ。

(同 245)

抽象化されておりこれだけではわかりにくいが，ここで注目されるのは，「のだ」に先行文脈が必要とされていることと，「のだ」の役割として命題 P を文脈化することだけが要求されていて，「のだ」自体は命題に関わっていない点である。

(23) 「礼だ，礼をしろ」　　　　　　　　　　　　　　　　（シコ）
(32) 「なんだと。お前の方こそ向こうへ行くんだ。」　（吉田 1988：43）

　用例の (23)(32) は命令の用法だが，(32) は「のだ」が使われている。(23) は初出文でも可能だが，(32) は先行文脈を必要とする。しかし，いずれも命題内容に関わっていないから，イントネーションで「だ」「のだ」の働きを代用することが可能で，省くことができる。「だ」の場合には「思いあたり」の用法のみ，「だ」を必要とする。

d)「だ」「のだ」のその他の違いとして「理由・原因の説明」（近藤）といった事情説明の要素が入る使い方は「だ」ではできず（用例 (34)），「もう，だめだ」のような「感情の吐露」「不満・非難」といった直接的な感情表出は「のだ」ではできない点がある。

(33) {B が盛装している}
　　　A：　お出かけですか。
　　　B：　友達の結婚式なんです。　　　　　　　　　　　　（同 232）
(34)　A：　お出かけですか。
　　　B：＊友達の結婚式です。

e) 対者的な用法では，女性は普通「だ」を用いないが，次の b 文のように「のだ」では，女性も言いきり形を用いる。

(35) a　M／？F　明日から出張だ。
　　 b　M／F　　明日から出張するんだ。

　以上述べてきた「だ」「のだ」の違いは，「だ」が話し手の判断をそのまま表出するのに対して，「のだ」がいったん名詞化の過程を経ていることから生じていると考えられる。

2)「形式名詞＋だ」

「のだ」以外に「形式名詞＋だ」の例として,「はずだ」「つもりだ」「せいだ」「おかげだ」「わけだ」「からだ」「ためだ」等がある。基本的に「のだ」の場合と同様, これらの形式名詞表現が他者めあてに使われる場合, 男性はそのまま用いることも可能である(用例(36)(37))。女性が用いる場合には「だ」を省くか,「だ」を省いて終助詞をつける(用例(38))か, もしくは「形式名詞＋だ」に終助詞をつける(用例(39))ことが多い。

(36) 「まだそんなことを……。お父ちゃん, 納得してくれたんではないの？」
「納得なんかしてねえ　ただあきらめただけだ」　　　　　(翼1)
(37) もちろんそうだよ。そこにある能条のボストンバッグを開けてみろよ。きっと, 滝沢が持ってたのと同じ型のワープロが入ってるはずだぜ　　　　　　　　　　　　　　　　　　　　(金田一)
(38) 今晩, つき合ってくれないか
― 別れた筈よ　　　　　　　　　　　　　　　(蛇蠍)
(39) あたしひとりがガマンすりゃ済むことだもの。　　　(蛇蠍)

3.2　文中

文中に「だ」が現れる場合は, 大きく次の五つに分けることができる。

①名詞類を受け, 後ろに助詞が続くもの：だの, だか
②引用節：だって, だと
③疑問節：だか
④接続助詞が続くもの：だと, だし, だが
⑤間投助詞

順に見ていく。

①名詞類を受け，後ろに助詞が続くもの（並列）：だの，だか

「だの」「だか」は，並列の助詞として一語化していると考えられる[2]。この二語は，「だか」に不定の「か」が含まれている点が異なる。「だか」には，「わかる」「知る」「忘れる」「聞く」「質問する」「調べる」等の認知に関わる動詞の否定形が続くことが多い。

(40) 変なことじゃないのかねえ，人殺しだのひもだのって……
　　　　　　　　　　　　　　　　　　　　　　　　　　　（女社長）
(41) 腹が立ってたまらないのは，自分が教えた連中が東京に行き，大臣だの伯爵だのになっていることでした。　　　（司馬）
(42) ……嘘をついたときでも，ハッキリそう白状してくれればいいの。それをあなたは最後まで，嘘だか本当だか，騙すのか騙さないのか，ハッキリしてくれないでしょう。　　　　　　（夢見る）
(43) 首すじに，外国のナイフだか短剣だか知りませんが，突っ立っておりました。　　　　　　　　　　　　　　　　（アガサ）
(44) （略）腰に手をあてて，英語だかロシア語だか聞いたことのない歌を口ずさみながら腰をくねらせて踊った。　　（さらば）

上の用例に示されているように，「だか」「だの」とも例示の働きを持つが，「だか」の場合には，話し手は自身の例示について確信がない，あいまいな例示であり，「だの」は具体的な例示と考えられる。

　森川正博（2009）は，「僕には何が何だかわからない。」という文が成立するのに，「誰が犯人だか？」という疑問文が成立しないことについて，「繋辞「ダ」で断定した要素に，疑問を表すモーダル「カ」を付けて聞き手に問うこと自体，解釈上矛盾が生じる」（同177）と述べている。その解釈の通りだと考えるが，次なる問題は，疑問詞を用いた「誰が持ち主だかわからない。」

---

[2] 並列の意味を持つ「だの」は辞典類において一語として扱われているが，「だか」は，語としてとりあげられていないことが多い。たとえば，『集英社国語辞典』2012，『岩波国語辞典』2000，『新選国語辞典』2002，『角川最新国語辞典』1998。

は成立するのに「田中さんが持ち主だかわからない。」は成立しにくいという事実である。自然な文は「田中さんが持ち主か(どうか)わからない」であろう。この点について本書では「だか」は並列に使われるのが基本であるため「田中さんが持ち主だかわからない。」が成立しないと考える。言語データベース「少納言」で「だかわからない」を見てみると，全200例のうち「疑問詞」＋「だかわからない」が180例，それ以外が20例だった。疑問詞が使われていない20例のうち，「だか」が二つセットになったものが19例である。

  (45) あれじゃ，病院は病気を治しているんだか，病気をつくっているんだかわからないわ。   (娘へ)
  (46) なんだか，夏が来たんだか，来なかったんだかわからないような今年。   (突撃隊)

「だか」がセットにならず，単独で使われていたのは，次の用例であった。

  (47) 毎回ゲームしたり，映画見たり，Hしたり……。貯金もしているんだかわからないし，羽振りがいいようで微妙なところで出し渋る。   (知恵袋)

この例も，意味的には並列である。すなわち，「だか」の基本的な用法は並列と考えられる。「夏が来たんだか来なかったんだかわからない。」というのは，「夏が本当に来たんだかわからない。」と意味的に近く，疑問詞のない「だか」は，基本的に並列の用法に含めて考えることができる。こうした「だか」の組み合わせが可能になるのは，不定を表す「か」が「だ」に接続することによって，「だ」の叙述性を失わせるからだと考えられる。ちょうど連体修飾節の用言や，間接話法の引用節が叙述性を失うのに似ている。この「だ」の有無は意味の違いをもたらし，「〜か〜か」ではあれかこれかという二者択一の意味しか持たないが，「〜だか〜だか」では，前に来る語句

が文として提示される。用言の場合には，「ん(の)だか」という形をとることが多く，庵功雄 (2012) の言う状況との関連づけがなされる。

②引用節：だって，だと
　文中に「だ」が使われる場合の一つに引用節がある。

　　(48)　本当に一瞬見ただけだから，それをどうして尾島だと思ったのかもよく分からないの。　　　　　　　　　　　　　　　　(女社長)
　　(49)　社長がストライキの首謀者だなんてきいたことない。　(女社長)
　　(50)　あなたは何だかとっても簡単に考えているみたいですけど，これは特例中の特例だっていうことを，よおく自覚してくださいね。
　　　　　　　　　　　　　　　　　　　　　　　　　　　　　　(椿)

ここに含まれるものとして，ほかに「だとする」「だとか」「だとの」等がある。しかし，これらの「だ」は，引用句の中にあることでその叙述性が概念化しているため，「だ」の省略が可能なことが多い。モダリティ性はないので，「です」には置きかわらない。なお，金澤 (2008) は，朝日新聞の投書欄調査から，「と思う」構文において「大事と思う」「必要と思う」といったナ形容詞の「だ」の脱落が平均1割以上あること，また，用例の絶対数は少ないものの，「と思われる」の場合に「だ」の脱落が顕著に見られることを指摘している。

③疑問節：だか
　文中で「だ」と「か」が結びつくのは，埋め込み疑問節を作る「か」と先の並列の「か」の二つの場合である。埋め込み疑問節の場合，主節との関わり方はさまざまだが[3]，いずれの場合も次の例のように疑問詞があれば「だ」はあってもなくてもよい。

3　埋め込み疑問節と主節の関係について論じたものに，たとえば，山口 (1992)，藤田 (1997) がある。

(51) 持ち主が誰{だか・か}知らない。

しかし，疑問詞がない時は「だか」という接続は少なく，「かどうか」を使うことが多い。

④接続助詞が続くもの：だと，だし，だが

(52) 「上に立つ者があまり仕事熱心だと，部下はやりにくいわ。」と純子がこぼした。　　　　　　　　　　　　　　　　　　　　（女社長）
(53) でも，伸子さんのご親戚だし……　　　　　　　　　　　（女社長）
(54) それだけではないのでしょう―という反語の意味を込めたのだが，図星だった。　　　　　　　　　　　　　　　　　　　　（遺骨）
(55) だって，あなたのような美人ならいいんだけど，私なんてこの顔でこのスタイルよ。　　　　　　　　　　　　　　　　　　（女社長）

ここに含まれるものとしては，「だと（条件）」「だし」「だが」「だから」等がある。女性は「だが」が使いにくく「だけど」を用いることが多い。この「だ」は叙述形で，陳述性が高い。「だ」の省略はできず，丁寧表現の「です」には言いかえられる。

　連体形を受ける「のに」が，「な」ではなく「雨だのに」と終止形の「だ」を受けることもある。湯沢（1957）によれば，江戸時代にはこうした用例が多く（同605），それが現代語にも残っていると考えられる。

⑤間投助詞

(56) M「ところがだ，あの時彼女の死体は，そのままの形で，上半身まで死後硬直しはじめていたのだよ。」　　　　　　　　　（金田一）
(57) M「それにだ，今，倒産させてしまえば，夏のボーナスを支払わなくて済む。」　　　　　　　　　　　　　　　　　　　　（女社長）

(58) だいたいのお互いの立場はあんたにもわかってもらえたと思う。もう少し補足すると<u>だ</u>な，俺たちは今ひとつのプランを持っている。つまり<u>だ</u>な，俺たちは今のところ記号士よりは状況の詳しい情報を握って，レースの一歩先を走っている。

(井島 2002: 78–79)

井島正博（2002）は，こうした用法を主語のない名詞述語文の一類型として扱っている。井島は「前提ハ焦点ダ」という分裂文において，Xを強調する働きを担うXダという形式が独立して用いられるようになってこうした用法が成立したと考える。確かに，このダは意味的には叙述を強め，形式は名詞述語の形だが，これらの用法には前提を想定できない場合も多く，また女性はこの表現を使うことが少ないことから，本書では「主語のない名詞述語文」ではなく，文の中で間投詞のように使われているモダリティ性が高い用法と考える。省略が可能で，「です」への言いかえも可能である。

3.3　文頭

「だ」が文頭に現れるのは，接続詞として前文を受ける場合だが，それはたとえば次のような例である。

(59) M「いいんだよ。コーヒーをくれ」F「はい。<u>だけど</u>，あなた会社が倒産したっていうのに，そんな呑気なことを言って……」

(女社長)

(60)　ごめんよ。<u>だって</u>，あんまりびっくりしたから……　　(女社長)
(61)　財布を忘れた，<u>だもんで</u>彼に借りたんだ。

文頭に現れる「だ」を含む接続詞には次のようなものがある。

　a　だから，だったら，だもんで，だって
　b　だとすれば，だとしたら，だとすると

c　だけど，だが

　いずれも「だ」は述語代用の働きをしているが，a 類は「だ」の省略ができず，一語性が高く，b 類と c 類は「だ」を省くことができる。しかし，条件形に接続する b 類は「だ」を「です」に言いかえることはできない。c 類は，南の C 段階に入る接続助詞で，その前に来る述語のモダリティ性が高いので「だ」と「です」の言いかえが可能である。「だって」については第 4 章 5 節で述べた。時枝（1950）や阪倉（1974）は，接続詞自体を辞と考えているが，この「だ」を含む接続詞には，確かにモダリティ性が感じられる。

4　「だ」と「である」の使い分け

　書き言葉では，話し言葉と違って，名詞述語を省略することはしない。それにはいくつか理由が考えられるが，何より大きい理由は，書き言葉では言語外の文脈の助けがないため，省略が避けられるからである。また，「だ」を省略すると，「だ」がないものとして文と認められてしまうという問題もある。述語がない「X は Y。」文は，話し言葉では言語外文脈からその述べたてる内容の時制等が定まる。しかし，書き言葉では，堀井令以知（1974）にあるように「動詞の法や時制の制限を受けることがなく，話し手の主観性を離れた言表」（同 46）となり，「春は曙」「読経は夕暮れ」タイプの，「一般的性格の断言に用いられ，格言風の文体に使用される」（同 47）ことになる。

　書き言葉では「です体」「ます体」と「だ体」「である体」というスタイルの使い分けが問題になる。「だ」と「である」の使い分けは，書き言葉のジャンルによるところが大きく，専門書・論文＜一般教養書・新聞＜小説・随筆の順で「だ」の使用が多くなる。すなわち，論文等の客観性が求められる文では「である」がよく用いられ，逆に，小説のような主観的な文では「だ」が多く用いられると言えるが，一つの文章においても混ぜて使われる。

　　（62）　　今は電車の中で読み，飛行機の座席で読む。ただし，どういう

わけかタクシーの中では読めない。気分が悪くなってくるの<u>だ</u>。

食事をしながら本を読むのも，私の特技のひとつ<u>である</u>。同席している人には悪いが，人間のクセというのは五十歳を過ぎると，改めようがない。父親がいつも食事をしながら新聞を読んでいたことを思うと，これも DNA のせいだろうか。

消化に悪いと言われれば，なるほどと納得するが，どうしてもやめられない。活字を読みながら箸をとったほうが食が進むの<u>である</u>。唾液も活発に分泌しているような気がするの<u>だ</u>。

(みみずく)

メイナード (2005) は，「である」が現象文，感嘆文に使えないこと，終助詞の「よ」「ね」と共起しないことを指摘し，「「である」文は，語り手が物語の外側に位置し，ある距離から語っている印象を与え」「「だ」文は，語り手が物語の現場にいてその場の描写をしているという印象を与える」(同 156) と述べている。また，野田 (1998) は，「です」「ます」を使わない中立調の文と「です」「ます」を使った丁寧調の文がどのように混ぜて使われるかを観察し，丁寧調の文章は，丁寧形の主張文 (判断・説明を表す文) や伝達文 (疑問や命令を表す文) をベースに構成され，そこに中立形の心情文 (話し手の心情を表す文) や従属文 (ほかの文に従属している文) が混ざることを指摘し，一方，中立調の文章は，中立形の事実文 (事実だけを客観的に述べる文) がベースで，そこに丁寧形の主張文や伝達文が混じることを指摘している。これらの考察は，「だ」と「である」の選択が，何をどう伝えたいかという伝達のモダリティに関わっていることを示している。

5　まとめ

以上，話し言葉，書き言葉における「だ」の使い方を見てきた。以下に，「だ」の省略可能性という観点から，本章で述べてきたことをまとめておく。

「だ」の省略ができないのは，文頭では，接続詞の一部 (「だから」「だった

ら」「だって」等）と文中の，名詞類を受け後ろに助詞が続く場合（「だの」「だか」）である。ただ，これらの「だ」は，叙述性を残してはいるものの，「だから」を除き，「です」には置きかわらず一語化している。接続助詞が後ろに続く「だ」（「だし」「だが」等）も省略ができない。この場合の「だ」は，名詞述語としての性格が強い。文末においては，言いきりの「だ」は，書き言葉では省かない。しかし，話し言葉では，話し言葉の持つ現場性に支えられて，統語的には義務ではない。命題に関わらないという点でモダリティ性が高いと言える。通常，文末のモダリティは聞き手に対する伝え方を表すが，ここでのモダリティにはレベル差，すなわち，自分自身に向けた発話か他者に向けた発話かという違いがある。自分自身に向けて「だ」を用いる時には，感情の吐露，非難，発見，思いあたりの表明といった用法があり，聞き手を必要としない点で「だ」の他者に向けた伝達のモダリティは発動されない。このような自分自身に向けた発話は，男女ともに用いる。他者に向けた発話は通常男性だけが用いる。主張，宣言，命令，疑問，問い返しの用法が多い。男性だけという条件があるのは，「だ」の持つ強い感情表出性のためである。女性は，「だ」を省くか，「だ」に終助詞を付加するか，あるいは，「のだ」という客観性の高い形式を用いて「だ」の持つ語気の強さをやわらげるということをする[4]。

　「だ」の省略が可能な場合は，以上の文末用法に加えて，文頭では条件形をとる接続詞（「だとすれば」「だとしたら」等）と「だが」類，文中では引用節と疑問詞のある疑問節，それに間投助詞的用法である。文中のこれらの用法では，言いきりの場合と同様，そもそもこの述語の「だ」はなくてもいいものなので省くことができる。ただし，書き言葉では省略しないことが多い。

　大まかに言えば，「だ」が名詞述語としての叙述性を持つ場合には省略しにくく，モダリティ性が高い場合には省略できると言える。

---

[4] ここでは「だ」を中心に見てきたが，女性の場合は，連体形「な」を名詞に接続して「一人なの。」のような表現をとることもある。鈴木（1993）には，女性語の形式が詳しい。

第 5 部　品詞の間の連続性

　これまで本書では，語の分析に品詞という概念を用いてきたが，本章では品詞自体に焦点をあて，特定の品詞に属する語群がほかの品詞に転成する様子を観察することにする。

　具体的には，名詞の形容詞的ふるまい
　　　　　　　　名詞の副詞的ふるまい
　　　　　　　　動詞の名詞的ふるまい
　　　　　　　　形容詞の名詞的ふるまい　を観察する。

　そして，各論として，副詞的ふるまいをする名詞四語と，同義語ではあるがふるまいの異なる語として「Xの」「Xな」「Xい」をとりあげる。

第9章

品詞のさまざまなふるまい

1　品詞の転成

　品詞の定義を，山田（1922）は，「語の性質の研究に於いて便宜上種々の単語について分類の標準として立てた範疇」（同 10）と規定し，奥田（1985）は，「単語が語彙的であると同時に，文法的であることは，すべての単語が品詞に帰属するというじじつになって現われる。単語は構文論的にも形態論的にもかたちづけられているわけであるから，構文論的な機能の体系でもあるし，形態論的な変化の体系でもある。品詞はこういうものとして，つまり構文論的な機能と形態論的な変化とを基準にして分類する単語のグループである。したがって，品詞は文法的なものである。」（同 27）と述べている。石井正彦（2002）は，「単語の文法的な性質は，個々の単語ごとに異なるわけではなく，「品詞」という単語の種類ごとに違っている。すなわち，品詞とは文法的な性質を同じくする単語の種類である。」（同 28）と述べている。大方の一致するところとして，品詞とは，単語をその性質によって分類したものと考えられる。すなわち，文中でのふるまいは，その語の品詞分けに反映されていることになる。しかし，時に同じ品詞であっても異なる文法的性格を示すことがある。たとえば，「見る」は動詞だが，「見ての楽しみ」と連体用法の場合は，名詞的な役割を果たしていると言える。「始める」も動詞だが，

「はじめて見ました」なら，副詞的役割を果たしていると言える。一方，「かなり飲んだ」の「かなり」は副詞だが，「かなりの人」「かなりな人」という用法もある。一つの語が一つの品詞に分けられても，そこから飛びだして別の品詞的働きをすることがあるということである。こうした現象は品詞の転成と呼ばれている。すなわち，ある品詞の語がそのままの形，あるいは一部変化してほかの品詞の働きをする。品詞の転成は，品詞が語の内部だけの問題ではないのと同じく，統語的に決まる面が大きい。影山太郎（1993）は，「飛び上がる」「押し開く」「泣き叫ぶ」といった一連の複合動詞が，「払い終える」「しゃべり続ける」「食べすぎる」といった複合動詞とは語形成の面から異なるものであることをさまざまな統語的な現象から説明している。中野はるみ（2005）は，「たのしさ」と「たのしみ」の用法を比べ，後者の「たのしみ」は転成もとの動詞「楽しむ」とあまり違いがないことを観察した上で，「転成名詞の文中での意味は，辞書的な意味だけではなく構文中で転成名詞がどのような単語とむすびついているのか，どのような連語としてはたらいているのかということをみるとき新たな意味が理解されてくる」（同79）と述べている。本章では，名詞，形容詞，動詞とされるそれぞれの品詞の語が，その意味素性と構文によって異なるふるまいを見せるそのありようと条件を考えたい。

2　名詞の形容詞的ふるまい

まず，名詞の基本的な定義として，名詞は活用しない品詞と考える。後ろに格助詞をとることが多いが，常にそうとは限らない。たとえば，以下の下線の語を名詞と考える。

（1）　彼は<u>病気</u>だ。
（2）　<u>三時</u>になった。
（3）　<u>本当</u>に申し訳ない。
（4）　<u>記入</u>は，後でもいい。

品詞の転成がなぜ起こるかと言えば，すべての同一品詞群の語が同じように転成をしないことから，語によって語のもともとの意味素性に転成しえる性格があったりなかったりするのだと考えられる。名詞は，名詞の持つ意味素性によって，①名詞的性格しか持たない名詞，②形容詞的性格を持つ名詞，③動詞的性格を持つ名詞，④副詞的性格を持つ名詞に下位分類できる。

　①の名詞的性格しか持たない名詞は，後ろに格助詞をとり，しかも，ほかの形容詞的，動詞的，副詞的性格を示さないもので，「学校」「山」「意見」等のいわゆる普通名詞がこの典型になる。寺村（1968）があげている名詞の下位分類のうち，実質性，コト性，モノ性，トコロ性，有情，無情，相対性という分類は，この名詞の下位分類にあたると考える。また，非自立語の「の」「はず」もここに入れる。

　②の形容詞的性格を持つ名詞は，意味的に性状を表すもので，「真実」「本当」「無名」等をここに入れる。

　③の動詞的性格を持つ名詞は，「スル」をつけて動詞となるもので，「運動」「研究」等，サ変動詞の語幹と呼ばれるものをここに入れる。影山（1993）は，このほかに「立ち読み」「夜遊び」「テスト」等も含めて動名詞と名付けている。なお，サ変動詞の語幹と呼ばれるものについて，以前の辞書では名詞とのみ記載して[1]，動詞的性格についての情報，すなわち自動詞か他動詞かの情報が記載されていなかった。そうした情報は，次のような用法が誤用か否かを判断するためにも必要である。

　　（5）　外務省は平和解決を絶望することは……　　（テレビニュース）
　　（6）　脳卒中マヒが改善する。　　　　　　　　　　　　　　（広告）
　　（7）　残業作業時間を優先するスケジュール方法　　（office com）

　④の副詞的性格を持つ名詞は，連用修飾の用法や連用句を形成する用法を持つもので，前者は「冬」「一月」「一か月間」「今日」「一つ」「実際」等，

---

[1]　記載のない辞書として，たとえば，『大辞林』(1988)，『新明解国語辞典』(1981) がある。

後者には「上」「折」「一面」「道すがら」等がある。
　文の中での名詞の役割は，それぞれの名詞の意味によってのみ決まるのではなく，最終的にはイントネーションを含めた広い意味での構文によって決まる。次にあげる三上（1953=1972）の措定文と指定文の違いは，その条件の一つを示している。三上は，名詞文を形容詞文と準詞文（いわゆる名詞述語文）に分け，準詞文に次の三つの用法を区別する。

　　措定，無格，第一準詞文
　　　いなごは害虫だ
　　　東京は日本の首都である
　　　私は幹事です
　　指定，有格，第二準詞文
　　　幹事は私です
　　　昨日到着したのは扁理だ
　　　昨夜吠えたのはこの犬だ
　　端折り，第三準詞文
　　　姉さんはどこだ？
　　　姉さんは台所です
　　　僕は紅茶だ　　　　　　　　　（同 44-45　原文は漢字以外カタカナ）

　西山佑司（2003）は，三上の措定文「AはBだ」について「Aは指示的名詞句であるのにたいして，Bは属性を表し，非指示的名詞句であ」（同 352）ると説明し，措定文の述部に来る名詞は，形容詞的なふるまいをしていると述べている。工藤真由美（2002）は，措定文という概念には触れていないが，構文的機能が構文的意味に働きかける場合の一つとして，「名詞が〈述語〉として機能する場合には，意味的に〈実体性〉を失って，〈恒常的特性〉さらには〈一時的状態〉を表すようになることが起こる」（同 115）と述べている。工藤のあげている例は，いずれも措定文の例である。

〈恒常的特性〉うちの母はすごく子供だ。(*すごい子供だ)
〈恒常的特性〉山田さんてとても紳士ね。
〈一時的状態〉あの人，昨夜はとても紳士だったわ。
〈一時的状態〉昨日のクラス会では太郎は大人だった。　　　（同 116）

同様の例として，以下のようなものがある。

（8）　ゴミが山だ。
（9）　彼女は今が花だ。
（10）　これがカギだ。

「問題が問題だ」や「戦争は戦争だ」等同じ名詞が繰り返される文があるが，これらの文が意味を持つということは，名詞の意味とは独立に構文が名詞に意味をもたらしていることを示している。なお，「彼は彼だ」という代名詞が繰り返される文については，森山（1989）は「指示の同一性だけを主張」する「同一指示の排他的確認」用法と呼んで，「属性確認用法」と区別している[2]。名詞述語文において，名詞が形容詞的ふるまいをしないのは，指定文の場合である。指定文の述部の名詞は代名詞であることが多く，これは形容詞的ふるまいをしない。

先に動詞的性格を示す名詞を見たが，それらの「スル」をとる名詞が次の例のように言いきりの形で文末におかれた場合は，動詞的ふるまいをしていると言える。

（11）　××議員が出馬を表明。
（12）　日経ヴェリタス　電子書籍の発売日時を繰り上げ　　　（広告）
（13）　明後日に受取り

---

[2] 森山（1989）は，このタイプの文の意味，なぜ自同表現が使われるかについて詳しく論じている。

3　名詞の副詞的ふるまい

　副詞的性格を持つ名詞として「冬」「一月」「一か月間」等をあげたが，このほかにも名詞がそのまま，あるいは「に」や「と」を伴うなりして副詞として働くことは非常に多い。「勢い」「事実」「結果」「実際」という名詞も，次のように副詞的に使われる[3]。

---

[3]　ここで扱おうとしている四語の従来の扱いについてふれておく。副詞の分類は山田(1908)に始まるとされるが，山田の情態，程度，陳述の三分類のうち陳述副詞については，のちに渡辺(1971)が，誘導副詞と呼びかえ，一つの注釈内容を意義として担い，それを表示しつつ，後続する注釈対象を誘導する語を誘導副詞に含めた。「事実」「実際」はこの誘導副詞の中に位置づけられている。竹内美智子(1973)は，「注釈誘導の副詞は，陳述副詞のように，陳述内容と呼応するものではなく，陳述によってととのえられた句（山田博士のいわれる意味での）に対して，それを注釈する関係で対応しているのである。陳述副詞のはたらきが，句の中でのはたらきと認めうるのに対して，注釈誘導の副詞のはたらきは，句の外から句へ向けられるものと考えるのが妥当ではあるまいか。」（同140）と述べ，誘導副詞と陳述副詞を分けている。
　益岡・田窪(1992)は，「陳述の副詞」を「文末の「ムード」の表現と呼応する副詞」に限定し，たとえば，疑問と呼応するもの（「いったい，はたして」），否定と呼応するもの（「決して，必ずしも」），依頼・命令，願望と呼応するもの（「ぜひ，なんとか」）のように分けている。そして「陳述副詞」とは別に，「評価の副詞」「発現の副詞」をたて，前者は「当該の事柄に対する評価を表す副詞」，後者は「当該の発言をどのような態度で行うかを表す副詞」とした。ここでは「実際」が「発言の副詞」に入っている。これに近い名付けが，中右実(1980)によるもので，中右は，副詞を命題の一部を形造る「命題内副詞」と，命題に対するモダリティを表明する「命題外副詞」に大きく分け，このうちの命題外副詞に「発話行為の副詞」をたてている。そして，「発話行為の副詞」は，モダリティの副詞に入るが，「他のモダリティの副詞から区別される明確な点は，それが命題内容そのものに関わるというよりは，むしろ，命題内容の提示のし方に関わるということである。つまり，命題内容をどのように述べるか，話者自らの発話のし方に制限を加えるという働きをもっている。」（同206）と述べている。これは，「勢い」「事実」「実際」の働きにもあてはまるものだが，中右は文副詞を扱っているので，中右が発話行為の副詞としてあげている語例は，「ついでながら」「要するに」といった句相当のものである。
　水谷静夫・星野(1994)は，名詞から副詞にわたる語類約1万の実例について，語類の分類枠の設定と個々の語をどう割り付けるかを考察している。「実際」「勢い」「結果」は，水谷・星野の分類によれば「名詞中核　副詞法あり」に含まれる。この三語に共通する特徴は，「格要素に立ちえる」こと，「独立用法で（つまり「これ以上」「三日間」のやうな複合でなく）情況化の助詞に助けられず副詞法を有する」ことにある。なお，「事実」は検討対象の語に入っていない。
　ここで扱おうとしている四語はこれまで，誘導副詞の一部（渡辺），注釈誘導の副詞（竹

(14) 相手あっての仕事だから，相手の都合に合わせてどうしても滋子の仕事時間は不規則になり，<u>勢い</u>，それは生活の不規則さにもはねかえる。　　　　　　　　　　　　　　　　　　　　（模倣）
(15) つまり若い人の心筋梗塞が頻繁におこる地域は食生活に問題があることが多く，<u>事実</u>，私たちの調査でもそのような地域ではまず長寿はありえませんでした。　　　　　　　　　（ヨーグルト）
(16) 近藤守は何度も聞いた小噺を聞くかのように，うんざり気味だった。<u>実際</u>，彼はその報告を何度も聞いているはずだった。
　　　　　　　　　　　　　　　　　　　　　　　　　（ゴールデン）

　これらの名詞は，そのままの形で副詞的にふるまう点が独自である。この点について触れている先行研究もないわけではない[4]が，もう少し細かくこの「勢い」「事実」「結果」「実際」四語の用法を観察してみる。

3.1　独立副詞用法の性格

　名詞であり，かつ語形が変化せず独立した副詞として働く副詞は次のようにいろいろある。

<u>「一面」「反面」「一方」</u>等：後続文と前文の関係が対立関係にあることを示す標識で，論理性が強い点で接続詞に近い。
<u>「以来」「以後」</u>等：前文全体，あるいは，前文の時をとりあげる。前文がこれらの語の構成要素に含まれている点で，もはや接続詞と言った方がよい。
<u>「将来」「今日」「現在」「当初」「時々」</u>等：時を表す。
<u>「単身」「一見」「直接」</u>：さまを表す。

　　内），発言の副詞（益岡・田窪）等として扱われてきた。また，水谷・星野による分類では，名詞用法があり，かつ副詞の独立用法を持つことがその特徴としてあげられている。
4 　市川孝（1965）で「実際」「事実」が，西尾（1984）で「結果」が副詞的用法を持つことが指摘され，『現代副詞用法辞典』（1994）には「結果」以外の三語がとりあげられている。

ここでとりあげる「勢い」「事実」「結果」「実際」に共通する特徴としては，以下の四点があげられる。
①これらの語は，名詞である。(用例(17))
②これらの語は，述語を修飾して述語の情報量を増やすということはなく，後続文全体，そのあり方にかかる。そのため，「事実」では，これを底とする名詞述語文が作れる。(用例(18))
③発話される時，語の後にポーズが置かれる。また，語尾のイントネーションが若干上昇する。平板型の単語ではその点は顕著に表れないが，起伏型のアクセントを持つ「勢い」の場合には，副詞用法では平板型になる。(用例(20))
④時や様態等のほかの副詞に比べて前文の必要度が高い[5]。また，後続文全体にかかるため，いわゆる陳述副詞のように特定の述語と呼応することはない。

　　(17)　理論と実際を学ぶ。
　　(18)　事実，来た人はだれもいなかった。→　来た人が誰もいなかったのは事実だ。
　　(19)　(名詞)いきおい￣がいい。
　　(20)　(副詞)いきおい，みんなが賛成することになった。

ここで扱っている四語の前文のとりこみ方は語によって異なる。
①「実際」「事実」は，前文の一側面を後続文で示す。
　「X実際, Y」では，Xの，もしくはXに関連する具体例がYに来る。Yが疑問文のこともある。一つの具体例，根拠をあげるという点で，次の例に見るように「本当に」に近い意味も持つ。

　　(21)　「テレビ観ないんですか」

5　西尾(1984)は，「結果」と並んで「概略」をあげているが，前文の必要度が低いと考え，ここではとりあげなかった。

「飽きた」
「まだこれからじゃないですか」
<u>実際</u>，田中徹はまだまだこれからだと思っていた。（ゴールデン）

「X 事実, Y」は，X の証拠を Y にあげるという標識で，「その証拠に」といった意味に近い。多くの場合「事実」と「実際」は言いかえが可能だが，Y は事実であることが必要で，仮定の話や意志，疑問の文は来にくい。『現代副詞用法辞典』(1994) は，「事実」と「実際」の意味の違いについて，「「じじつ」が話者の冷静な確信を暗示するのに対して，「じっさい」は現実に照らした話者の納得を暗示する」（同 181）と記述しているが，この記述は，次の各用例の違いを説明している。以下の用例で原文を下線で示した（以下，同様）。

(22) 「そば博覧会」という全国規模のイベントを開催するには，いささか小規模な集落である。{<u>事実</u>・実際}，人口 4000 人の過疎地帯である。　　　　　　　　　　　　　　　　　　　　　（そば）
(23) もし地球温暖化によって，マラリア流行地で冬場の気温が上昇したとすると，たちまちマラリアの患者数は増加することが考えられる。{<u>事実</u>・実際}，そのようなことは各地で観察されている。
　　　　　　　　　　　　　　　　　　　　　　　　　　　　　（コレラ）
(24) 「死ぬときは一緒に死のうネ」というのが妻の口癖であった。{<u>実際</u>・*事実}，自分としても病弱の妻を残しては死ねない。
　　　　　　　　　　　　　　　　　　　　　　　　　　　　（プレゼント）
(25) ところで {<u>実際</u>・*事実}，麻雀には運不運以外に，明らかな実力というようなものってありますか。　　　　　　　　（知恵袋）

なお，「実際」には，独立用法と「実際に」と「に」が付く場合がある。次の例では，どちらも可能である。

(26) あんたは犯人じゃねえと俺は思っているし，{実際，・実際に} そうなんだろうよ。　　　　　　　　　　　　　　　（ゴールデン）

(27) 僕みたいなおじさん世代も一応，英語に接しておいた方がよいと思ったのだが，{実際，・実際に} 勉強してみると結構大変だ。

（日経 2013.2.18.）

しかし，以下の (28) ～ (30) の用例では「実際に」の方が自然である。「実際に」は「に」があることによって，述部へのかかりが連体修飾節内の直後の述部に限定される。すなわち，用例 (28) では「(実際に闘う) ＋役」，用例 (29) では「(実際に働いている) ＋人」という関係にあると考えられる。

(28) 片桐さん，{*実際，・実際に} 闘う役はぼくが引き受けます。

（神）

(29) ホームヘルパーと言う仕事に興味があります。{？実際，・実際に} 働いている人からの意見や給与，時間などの待遇などが知りたいです。　　　　　　　　　　　　　　　　　　　　　（知恵袋）

(30) 株を{？実際・実際に} 買ってみよう。

② 「勢い」「結果」は，前文のことがらの経緯，内容を受ける。
　「X 勢い，Y」は，X の推移のし方に注目し，それを Y でとりあげる標識となっている。「X の流れで」といった意味になる。

(31) 当然，私と部下は私という強烈な個性を持つ「家長」に率いられた擬制家族になる。勢い，仕事も遊びも一緒だ。　　　（ガサ）

(32) この際とばかり，いかなる余りものも見逃すものかと興奮していた。勢い，ナイフを持つ家長の近くへ近寄りすぎたりする。

（ムツゴロウ）

「X 結果，Y」は，後続文に X の結果が来るわけで，もし「その結果」とすれ

ば，接続詞の働きであり，述語をとりこんで「する結果」「した結果」と従属節を作ることもできる。また，「結果」の後続文は，文字通り前文の結果になるので，「結果」を「結果は」と主題化することが可能な場合も多い。

(33) 民主党は左派の活動家の面々，共和党は右派のティーパーティの人たちの顔色をうかがうばかりだ。<u>結果</u>，一方は「増税反対」を掲げ，他方は「財源確保」を叫び，予算一つすらまとめられない状態が長く続いた。　　　　　　　　　　（日経 2013.3.11.）
(34) こんな状態の毎日でした。入社したばかりの頃は夢も希望もありましたが，しばらくしたら，うつ病の薬が増えるコトになってしまいました。<u>結果</u>，本日退社。これから，またしばらくの間，自分自身を見つめ直そうと思います。　　　　　　　　（ブログ）

ただし，次の用例のように，「結果」の前文と後続文が因果関係にない時には，「結果」は主題化しにくい。

(35) 都内のラジオ局の送信アンテナは，東京都内か千葉県にあります。充分受信範囲ないです。{<u>結果</u>，・*結果は}病室の壁がラジオの電波を遮へいしていると思われます。　　　　　　　　（知恵袋）
(36) 市民税は時期になれば勝手に自宅に支払い用の綴りが届きます。{<u>結果</u>，・*結果は}届く綴りは国民年金，国民健康保険，市民税の3種です。　　　　　　　　　　　　　　　　　　（知恵袋）

ここでとりあげた語は，Xの一側面を示すという点にいまだ名詞の実質性を残しており，その接続詞性には限界がある。機能的には接続詞の性格も持つが，接続詞になりきってはおらず名詞の性格も残している点で，名詞の副詞的，接続詞的用法と考えるのが妥当だろう。

　表9-1は，「実際」「事実」「勢い」「結果」の四語と，形態的に「実際」と重なるところのある「実」について文中での用法を比べたものである。

表 9-1　用法一覧

用法	実	実際	事実	勢い	結果
−の	△	○	○	○	○
−は	△	○	○	○	○
−に（副詞用法）	○	○			
−だ（名詞述語用法）		○	○	○	○
独立副詞用法		○	○	○	○

　「実際」「事実」「勢い」「結果」の四語は，「の」「は」で受けることができ，また名詞述語用法がある点でその名詞性が明らかである。「実」にも名詞的用法がないわけではないが，「実のところ」のほか，「実の娘」「実の親」といった血縁関係を示す場合がほとんどで，実質は形容詞的である。そして，「実は」「実に」という形で副詞化する。すなわち，「実」には名詞の実質性が乏しく，そのことが「実」の副詞化をすすめていると考えられる。それに対して，ここでとりあげた語は，名詞性は明らかだが，副詞的ふるまいもする。名詞の言いきりによる口跡のよさ，それによる躍動感が好まれるためか，いずれも話し言葉で使われることが多い。

　以上，「実際」「事実」「勢い」「結果」の四語の副詞的ふるまいを観察した。なお，ここで見た名詞の副詞的ふるまいとは逆に，副詞の名詞的ふるまいを松下（1930）が指摘している。松下は，品詞について論じた中で，変態品詞ということを述べている。この多くは，たとえば「先生ぶる」「学生らしい」といった，動詞でありながらその内部にほかの品詞を含むといったものをさすのだが，この変態品詞として，副詞性名詞をあげている。これは，「どうせ行くならすぐがいい。」「それはまだがよかろう。」といった副詞を指している。

4　動詞の名詞的ふるまい

　名詞は格助詞を後ろにとることが多い。しかし，次のように動詞も格助詞やとりたて助詞をとることがある。次は，言いきり形の例である。

(37) 負けるが勝ち
(38) 早くを行くがいい
(39) 足るを知る
(40) 泣くに泣けない
(41) 行くに違いない，行くに越したことはない，行くに限る
(42) 身を切られるよりつらい
(43) 見ると聞くとは大違い
(44) 入るでもない，帰るでもない
(45) 行くも地獄，帰るも地獄
(46) 言うは易し

次は，連用形の中止形とテ形の例である。

(47) お読みになる
(48) 買い物をしに行く
(49) 待ちに待った運動会
(50) 傘をさしての帰り

　格助詞というのは，対象と対象の関係を示すのが役目だから，名詞に付くのが一般的と言える。そこで，上の用例のように，動詞に格助詞が付いた場合には，その動詞を名詞と考えるのか，あくまで動詞と考えるのか，その根拠は何かといったことが問題になる。そもそもある語が動詞か名詞かを考えるにあたって，まず名詞とは何か，動詞とは何かが問題になる。動詞には活用があり，名詞にはないということが言われるが，川端善明 (1978) (1979) のように名詞に活用を認める人もいる。ここでは，基本的に名詞は「体」を示し，動詞は「用」を示すと考える。この「体」が意味することは，活用の有無はひとまず問わず，語の意味が固定したものと定める。「机」「ごはん」といった具体的なものだけではなく，「愛情」「勉強」「勤勉」といったことがらやさまも，抽象化され静止的なものとして概念化しているという点で，

「体」に含まれる。その意味では，その具体的なものや抽象的なことがらが概念化された「モノ」や「コト」は，より名詞性が強いと言ってもいいかもしれない。他方，「用」は，叙述的で現実の現れを表す。

　動詞それぞれの語が持つ「名詞性」「動詞性」によって，動詞の名詞化する度合いも一様ではない。サ変動詞の語幹は，語としては名詞だが，動詞的性格を持っている。「机する」と言わないのは，「机」にはそもそもその動詞性がないためである。動詞の連用形である中止形には，「遊び」「泳ぎ」といった名詞化したものがある。これがなぜ名詞と言えるかといえば，「動き」の本質を失っていない動詞の言いきり形「遊ぶ」「泳ぐ」に対して，連用形は抽象的なことがらを内容とする固定した存在と考えられるからである。ただし，動詞の連用形にも，完全に名詞になりきっていないものもあり，たとえば，「食べ」「飲み」という名詞はない。その場合でも，複合名詞になれば語全体で名詞になるし，また，次の (51) ～ (56) のように構文によって名詞として働く場合もある。

　　(51)　食べ歩き
　　(52)　飲み食い
　　(53)　ミルクの飲みがいい。
　　(54)　減りが早い。
　　(55)　動きが鈍い。
　　(56)　流れが速い。

　サ変動詞の語幹それ自体も名詞として安定しているとは言えない。たとえば，「電話」はモノとしての意味もあるが，「電話頼む」という場合は，機器の電話を意味しない。これは，構文によって決まる面もあるが，むしろ「でんわ」という語が持つもともとの性格によると考えられる。一般に「でんわ」という語の意味を思い描く時，電話の機器しか思い浮かばないということも，電話するという動作しか思い浮かばないということもなく，両者渾然一体としているというのが正確なところだろう。

サ変動詞の語幹と動詞の連用形は名詞になりきり，名詞の中で動詞的性格を持つものだと考えられるが，我々は意識の中で，こうした名詞とそれと等価の意味を持つ動詞とをどう使い分けているのだろうか。公園のブランコのそばで一人の子どもが友達にブランコに乗ろうと誘う時，次のような言い方のどちらも可能である。

(57)　二人乗りしようよ。
(58)　二人で乗ろうよ。

「春風」と「春に吹く風」は意味が似てはいるが，「春風」は特定の風に対する呼び名であって，名付け機能を持っている。「二人乗り」も名詞として実体を持っているから，「二人乗りしようよ」と言った時，「二人乗り」は，二人にとって，少なくとも話し手にとって特定の概念を想起させることがらである。「二人で乗ろうよ」にはそうした意味はない。「デモる」「ミスる」「タクる」「パニクる」「ググる」といった名詞それ自体を活用させたような表現があるが，これは，「デモをする」「タクシーに乗る」という場合の行為としての実体を捨てて，そこで行われる動作だけをとりだそうとしている表現と見ることができる。

　以上，動詞の名詞的ふるまいを見てきたが，最後に，動詞の副詞的ふるまいを見ておく。西尾寅弥 (1984) が動詞から副詞への転成としてあげている例は「あまり」「つまり」「はじめ」と，動詞性が感じられないほど副詞化しているが，ほかにも「あいついで」「あらためて」「いたって」「思い切って」「思わず」「重ねて」「きまって」「進んで」「はじめて」「残らず」「ふるって」等をあげることができる。次は「きまって」の用例だが，「きまって」の前にポーズがないため動詞か副詞か紛らわしい。

(59)　まもなく常連になった女の子は来館すると<u>決まって</u>国語のドリルを開いていた。
　　　　　　　　　　　　　　　　　　　　　　　　（朝日 2014.9.6.）

5　形容詞の名詞的ふるまい

　形容詞の連用形や言いきり形にも次のように名詞として使われるものがある。

(60)　遠くがいい。
(61)　神社の近くにある。
(62)　多くを語らない。
(63)　朝早くから夜遅くまで仕事に励む。
(64)　その点は古くから指摘されている。
(65)　早いに越したことはない。

この場合，形容詞の連用形が名詞化していると言えるのは，格助詞を伴えること，連体修飾を受けること，一定のアクセントの変化があることによる。ただし，アクセントの変化は，動詞の場合のように顕著ではなく，次のように平板型の形容詞だけに見られる。

形容詞の言いきり形	名詞化したもの	連用形
とおい	とおくˈから	とおˈくて
おそい	おそくˈから	おそˈくて

一般に，「大きい」「重い」等の形容詞は，ほかとは違うそのもののありさまを述べたてている。一方，「遠い」「近い」等はそのものとほかのものとの関係を表している。三上 (1955=1972) は，こうした形容詞は修飾の内容が「品質的」ではなく「外延的」(同 164) なため，連体になると「遠くの」「近くの」「多くの」という形をとると述べている。また，連用形が名詞化した「早く」「遅く」「古く」には，次のようにスピードや新旧という「さま」の意味はなく，「とき」の意味に限定されている。

(66) ラッシュの混雑が朝早くから遅くまで続いた。
(67) しけが続くが，遅くにはおさまる。
(68) 死刑廃止論は古くからある。
(69) お茶は古くは別室で供したが，現今は食事のあとすぐお茶を出すことが多くなった。

次に，「遠く」「近く」「多く」の用法についてもう少し詳しく見てみる。
「遠い」「近い」を述語として用いる時には，「海は遠い」「冬が近い」が物理的時間的な距離を示すが，限定用法になると，修飾句で用例(73)のように比較の基準が示されない限り，物理的距離は表しにくくなる。

(70) 遠い親戚（関係が遠い）　　　近い親戚（関係が近い）
(71) 遠い将来（時間的に遠い）　　近い将来（時間的に近い）
(72) ？遠いスーパー　　　　　　　＊近いスーパー
(73) 駅から遠いスーパー　　　　　駅に近いスーパー

ただし，名詞が「国」「宇宙」の場合は，「遠い国」「近い国」「遠い宇宙」が物理的な距離も表す。これは，「国」という語の意味が必ずしも「モノ」に限定されず幅のあることと関係があるように思われる。もちろん「近くて遠い国」の場合は，物理的な距離を意味しない。明確に実体のある距離の遠近を言うならば，「遠くの」「近くの」が用いられる。

（距離的に遠い）遠くの親戚　　　（距離的に近い）近くの他人
　　　　　　　遠くのスーパー　　　　　　　　　近くのスーパー

「遠く」「近く」が漠然としたかなり広い範囲を示すのに対して，「遠いところ」「近いところ」は場所が限定される。

(74) 遠くに　　　　多摩の山並みが見える。

　　　　　？遠いところに
(75)　遠くに嫁にやりたくない。
　　　　遠イ所ヘハ嫁ニヤリタクナイ。　　　　　（仁田 1980：247）
(76)　お近くに　　　　　お出かけの節はお立ち寄りください。
　　　　？お近いところに
(77)　新婚旅行は近くですませた。
　　　　新婚旅行ハ近イ所デスマセタ。　　　　　　　　（同 247）

また，「遠い」「近い」に次のような副詞的用法がある点は，ほかの形容詞と変わらない。

(78)　鈴木さんは，<u>近く</u>，これまでの歩みを本にまとめる。
(79)　<u>遠く</u>，ギリシャ，ローマの昔にもこういったことはあった。

「多い」は，「遠い」「近い」と同様，外延的意味を持つ形容詞で，そのもののありさまではなく，量について述べている。中川正之（1975）は，「およそ属性を表示せず，単純に数量を表示する形容詞—"多"と"少"—は直接名詞を修飾できない。」（同 37）と述べている。普通「多い図書館」と限定的には使えない。しかし，「白髪が多い頭」「その辺で一番多い事故は……」（同 31）のように，何が多いのか，どのように多いのかが示されると，修飾部全体で名詞を修飾することができる。「数多い」は，次の例のように直接名詞を修飾できる。これは，「数が多い」と同義と見てよいからだろう。これらの連用形の「多く」「数多く」は実体を持つ。次の用例のa文では「数多い」は「教え子」を修飾しているだけだが，b文は「教え子の中の多数」の意味にもなる。

(80) a　<u>数多い</u>教え子の支持を取り付けようと動いている。
　　　b　<u>数多くの</u>教え子の支持を取り付けようと動いている。

同様に，「数多くのデパート，スーパーで買い物をしましたが，……」という文は，デパート，スーパー全体の数については構文的には何も述べていない。「多い」「数多い」を限定修飾的に用いる時には，次の例のように「数多い＋名詞＋の中｛から・でも｝」という文の形をとることが多いようだ。

(81) 展示されているのは，その<u>数多い</u>コレクション<u>の中から</u>選んだ12枚だ。

仁田（1980）は，「遠い」「近い」「多い」に加えて「少ない」をとりあげている。「少ない」も仁田が次にあげるように，ほかの形容詞とは異なるふるまいをする。

① 連体修飾用法がない。*少ナイ本ガアル。*少ナクノ本ガアル。（同238）
② しかし，「少ない資源」のように，形容詞が名詞の内在的な性質を限定している時には，表現が成立する。　　　　　　　　　　（同244-245）

「少ない」が修飾する名詞が数量を意味する時，たとえば，給料，資本，資金，金額，投資，量の場合には，仁田が②で述べているように表現が成立する。①の「少ない本がある。」は，「印刷部数が少ない本がある。」と，述語的に名詞を修飾するなら表現が成立する。

以上，品詞という文法的な性質を同じくする語が，その意味素性と構文によって異なるふるまいをすることを見た。

6　ふるまいの異なる同義語

6.1　形容動詞の扱い

物事のありさまを示すのに用いられる「静かな」「きれいな」「元気な」と

いう一連の語がある。学校文法では形容動詞と呼ばれてきたが，この呼び方は適当ではない。古文では，「静かにあり」「堂々とあり」と，もともと動詞を伴っていたから形容動詞だが，現代語では動詞性はない。この形容動詞については，品詞論的にどう考えるか，これまでさまざまな取扱いがなされてきた。その一つは，形容動詞を名詞と考える立場である。この考えが出てくるのは，名詞に「だ」が接続した場合とここで問題にしている語が，次のように同じ活用を示すからである。

　　学生だ　学生じゃない　学生だった　学生になる　学生の
　　静かだ　静かじゃない　静かだった　静かになる　静かな

　時枝 (1950) は，「静かな」「静かだ」「静かに」は，「静かだ」の活用ではなく，「静か」という一語に助動詞の「だ」が続き，その「だ」が，「な」「だ」「に」と活用すると考える。その根拠として，次のような理由をあげている。

　　①一般の意識として我々は「静か」「大胆」等を一語とみていること。
　　②「彼は健康を誇にしてゐる」と「彼は非常に健康だ」の「健康」について，どちらが名詞でどちらが形容動詞であるかの判断は困難で，名詞の意味論的な問題であること。
　　③「静かだ」を形容動詞として立てると，その敬語的表現である「静かです」も一語と見なければならなくなること。
　　　　　　　　　　　　　　　　　　　　（同 1950=1988: 110–113 から）

　佐久間 (1956=1983) は，連体形を性状表現の活用の基本形と考え，それによって性状語を，「第一種」(あかい，ほしい)，「第二種」(すきな，愉快な)，「第三種」(同じ) に分けている。これは，現在，日本語教育で一般的なイ形容詞，ナ形容詞と，形容詞を二つに下位分類する立場のもとと言える。寺村 (1982) は，いわゆる形容動詞について連体形を決め手として統語的にも意

味的にも名詞と形容詞の間にあるものと考え，名詞的形容詞（名容詞）という新たな品詞を別に立てた．

　従来，形容動詞と呼ばれてきた語と形容詞と名詞との間に明確な境界線は引きにくい．名詞は，格助詞を伴う点が大きな特徴なので，「を」や「の」を伴うか否か，また「な」や「い」を伴うか否かでテストしてみると，次のように分布は連続する．

表 9-2　イ形容詞とナ形容詞

	「い」を伴う	「な」を伴う	「を」を伴う	「の」を伴う
赤	○	×	△（赤を塗る）	○
あたたか	○	○	×	×
静か	×	○	×	×
健康	×	○	○	○
病気	×	△（病気なわけ）	○	○
特別	×	○	×	○

　このことから，いわゆる形容動詞，ナ形容詞と呼ばれるものと名詞の間は連続的であることがわかる．形容動詞を名詞に入れれば，その中には「静か」「確か」等，格助詞をとらないものが入ってしまう．一方，これをナ形容詞，もしくは別品詞とした場合には，「元気な人」「元気のもと」という「元気」の二通りの用法を区別しないことになる．本書では，イ形容詞，ナ形容詞という品詞分類をとることにする．その理由は，外来語は，「ロマンチックな」「クールな」とナ形をとることが多く，日本語においても「ロマンチック」「クール」は名詞でないことは明らかだから，これらのナ形はもとから形容詞と言わざるをえないこと，また，「大きい」「大きな」と二つの形を持つ形容表現があることも，二つの形容詞の存在を示していると考えられる．適当なイ形容詞がない時，人はナ形を使って性状表現を作るのであろう．

6.2　「Xの」と「Xな」

　ナ形容詞の中には，連体修飾する時に「の」をとるものがある．田野村（2002）は，その選択の要因について，次のような項目をあげている．

①形容動詞そのものの種類や性質によって決まる面がある。
②文脈に依存している面がある。
③時代差，文体差，個人差等の要素も係っている。　　　（同 207–208）

このうち，②の例として，形式名詞「の」の直前では，「の」が選ばれることはなく「無名なのは」となることをあげている。桜井光昭 (1964) は，このほかに，修飾句を受ける場合，単独では「有名の」と言えないが「タバコ好きで有名の同氏」が可能となること，また，形式名詞に接続する場合，「しかし事件は結局曖昧のまま残された」「ところが，一般の学生は，このような運動にわりに冷淡のようだ」（同 37）と「の」も可能なことを指摘している。田野村 (2002) は，「有名」「無名」といった「有」と「無」の対立を持つ語をとりあげ，先の選択要因①について，「「な」類の形容動詞は程度の大小を問題とすることのできる属性を表すのに対し，「の」類の形容動詞はそうであるかないかとしか言えない択一的な属性を表す」（同 209）と述べている。これは，「な」が付加すると形容詞的になり，「の」が付加するとその意味は固定的になると解釈できる。名詞性が明らかな名詞「味」「現金」「罪」「やくざ」に「な」が付加して「味な」「現金な」「罪な」「やくざな」となるとその形容詞性が明らかになるが，そうした現象とも関連があると思われる。

6.3 「X い」と「X な」

本節では，ほぼ同義に使われるイ形容詞とナ形容詞，具体的には「小さい」「小さな」「大きい」「大きな」について，その選択要因，意味の違いを考えてみたい。

次の表 9–3 は「い」と「な」の両方を伴うことが可能な語の一覧と KWIC2 データ[6]における頻出頻度である。

6　KWIC2 データは，情報処理振興事業協会技術センターの作成によるもので，新聞一月分 (1983 年)，計算機マニュアル・理科系教科書・科学雑誌計 30 冊，小説・シナリオ・随筆等計 21 冊，短編小説 25 編からなる。本章の (147) を除く (82)～(118) の用例は KWIC2 からの引用である。

表9-3 対応する「イ形」「ナ形」の頻度

イ形		ナ形		イ形		ナ形	
浅黒い	3	浅黒な	0	手荒い	1	手荒な	1
あたたかい	53	あたたかな	3	ナウい	3	ナウな	0
甘辛い	1	甘辛な	0	幅広い	107	幅広な	0
意地悪い	1	意地悪な	2	腹黒い	1	腹黒な	0
大きい	1,013	大きな	1,935	ひ弱い	0	ひ弱な	2
おかしい	173	おかしな	34	間近い	9	間近な	5
おめでたい	5	おめでたな	0	真っ黒い	4	真っ黒な	8
きめ細かい	16	きめ細かな	19	真っ白い	7	真っ白な	11
細かい	135	細かな	45	まん丸い	0	まん丸な	0
四角い	14	四角な	5	柔い	0	柔な	1
小さい	530	小さな	774	柔らかい	32	柔らかな	2
茶色い	12	茶色な	1				

　ここにあげた語の中で，下線を引いた「大きな」「小さな」「おかしな」だけは，それ以外の語がナ形容詞の活用をするのに対して，連体形しか持たないという点で特異である。たとえば，「あたたかな」には，「あたたかだ」や「あたたかになる」という形がある。ところが，「大きな」「小さな」には，「大きだ」「大きになる」といった活用の形がなく，名詞修飾のこのナ形しか持たない。ということでは，むしろ形容詞の「大きい」「小さい」「おかしい」が，名詞修飾する時に限って，「大きな」「小さな」「おかしな」という形を持つと考えられる。表中のイ形とナ形の使用頻度を比べてみると，「大きい」「小さい」では，ナ形の方が多く用いられているのが目を引く。次の表9-4は，形容詞が終止形として用いられる場合と，体言（名詞）に連なる場合の数を比較したものである。参考までに「おかしい」のデータも加える。「大きな」「小さな」の使用頻度は，「大きい」「小さい」の連体用法と終止用法を合わせた合計の使用頻度をも上回っている。

表9-4「イ形」「ナ形」の用法別頻度

	終止用法	連体用法
大きい	552	461
大きな	—	1,935
小さい	127	403
小さな	—	774
おかしい	163	10
おかしな	—	34

「イ形」が使われる時

　表9-4にあげた終止用法と連体用法をもう少し詳しく見てみることにする。まず終止用法としたのは，次のものである。

①言いきりの形。
②「が」「から」「ので」「のに」「ながら」「し」「と」等を伴うもの。
③引用の「と」を伴うもの。
④終助詞「か」「ね」「よ」「の」等を伴うもの。
⑤「だろう」「です」「のです」「のだ」を伴うもの。

以下の用例では，「小さい」「大きい」が述語として使われていることが明らかで，いずれの用例もイ形をナ形に置きかえることができない。

　(82)　本体は，トースターよりひとまわり小さい。
　(83)　子どもはまだ小さいから，教育費もかかりません。
　(84)　逆のものは，極性が小さいと考えてよい。
　(85)　DATAの値がSAIDAIの値より小さいか，または等しければ，移しかえないで，次のカードを読む。
　(86)　国会議員の役割が大きいね。
　(87)　その波及効果は大きいだろう。
　(88)　つまり，抵抗は固く丈夫なほど爆発は大きいのだった。

「ナ形」「イ形」の使い分け

体言（名詞）に連なる場合には，次のようにイ形もナ形も使われる。

(89) 底に小さいあなをあけた試験管に，あえんをいれ，ビーカーまたはコップに，き硫酸をいれておきます。

(90) 糸をとめるには，しんどう板の真ん中に小さなあなをあけて，糸をとおしてとめるようにします。

しかし，体言に連なる場合をよく見てみると，イ形が修飾するのは圧倒的に形式名詞が多い。次の表9-5は，「大きい」「大きな」「小さい」「小さな」それぞれが名詞に接続する場合のその名詞を，上位6位まで並べたものである。

表9-5 「イ形」「ナ形」に接続する名詞（頻度順）

	1		2		3		4		5		6	
大きい	もの	52	こと	32	ほど	27	とき	15	場合	14	ほう	13
大きな	影響	85	声	47	問題	34	役割	34	被害	33	変化	28
小さい	もの	33	とき	21	の	21	ほう	17	ほど	14	子・こども	13
小さな	あな	18	町	17	目	15	声	14	もの	12	子・こども	11

表9-5から，ナ形はいわゆる名詞に接続するが，イ形は，形式名詞に接続することが多いとわかる。形式名詞に接続するということは，その形容詞と名詞の関係が述語用法に近いことを示している。

(91) 全国の病院数，ベッド数は増え続けているものの，地域格差は依然として大きいことが，29日，厚生省がまとめた「病院報告」で明らかになった。

用例(91)で「明らかになった」のは，「地域格差が依然として大きい」ことで，この「大きい」は述語用法である。しかし，こうしたイ形は，終止用法とは異なり，ナ形に置きかえることが可能である。連体修飾節の中で，イ形

が述語のように用いられるのは、「大きい」「小さい」に続く名詞が次のような場合である。

① 「ため」「の」「こと」「ほう」「ところ」「せい」等の形式名詞
② 「うち」「とき」「ころ」「場合」等の時を表す名詞
③ 「だけ」「くらい」「ほど」「わり」等の副詞のように働く名詞

以下に用例をあげる。

(92) ドルが強い基本的な理由は、米国の財政赤字の規模が非常に大きいため、米長期金利が高くなっているからだ。
(93) 経済面での被害が予想以上に大きいことが次第にわかってきた。
(94) 田植機の普及で、苗が小さいうちに移植され、作期が早まっているのは事実だ。
(95) うちは子どもが小さいとき、よくよその子どもさんを呼んで泊めていたわね。
(96) その穴は、画面の側では小豆のように小さかったが、裏から見るとちょうどじょうご形に広がって、一ドゥカット貨幣かもう少し大きいぐらいになっており、あたかも婦人の麦藁帽の冠飾りのようであった。
(97) 両選手とも体が小さい割にがっしりしていて、脚力も素晴らしかった。

上の①～③の名詞がナ形をとることも場合によっては可能だが、実際には、ほとんどイ形をとっている。形式名詞に「だ」が接続して名詞述語になる場合も、次のようにイ形を用いることが多い。

(98) ……一時的な所得増加からの消費支出性向はちいさいはずである。

(99) 平均的な場合は，最悪の場合よりも最適の場合にずっと近く，路長は最適値より39%大きいだけだ。
(100) 丸顔で目が大きいせいだろう。

体言に連なる場合も述語的な用法であれば，イ形が用いられることが多い。次の表9-6は，先の表9-4の連体用法において比較文がどれだけあるかをイ形とナ形で比べたもので，各欄の総数は表9-4の連体用法の数である。ここでもイ形が多く用いられているのがわかる。

表9-6　比較文の頻度　（　）内は素データ数

~より大きい	18%　(81/461)	~より小さい	16%　(63/403)
~より大きな	1% (20/1,935)	~より小さな	0%　(3/774)

しかし，述語的な用いられ方でありながらナ形がよく使われる場合もある。その一つは，名詞が形式名詞「もの」の場合である。先の表9-5からもわかるようにイ形の1位の名詞であると同時に，「小さな」5位，「大きな」7位の名詞でもある。次の用例(101)(102)のように，明らかに存在物を表し「もの」を修飾する場合だけでなく，(103)(104)のように述語用法であっても「ナ形」が使われる。

(101) ばねばかりは，20kg ぐらいまではかれる大きなものがよい。
(102) ぐい呑みで酒を呑んだ味を知ってからは，京杯のような小さなものでは酒は呑めなくなる。
(103) ほとんどを海外に依存しているわが国において，国産原油発見の意義は大きなものではなかろうか。
(104) 米国の平和運動でソ連が果たしている役割は，大統領が示唆したものよりもずっと大きなものだ。

述語的な用法でありながらナ形もよく用いられるもう一つの場合は，柴田武他(1982=2003)があげている例である。柴田他は，連体修飾節のなかの述

語にはナ形が来にくいとして,次のような文をあげている。

(105) a 口がチイサイ花瓶がほしい。
　　　 b ?口がチイサナ花瓶がほしい。　　　　　　　　（同 147）

この場合「ほしい」のは,「小さい花瓶」ではなく,「口が小さい」花瓶である。つまり,連体修飾節の中の述語用法にはナ形が来にくいということで,その趣旨に異論はないが,ここであげられている「口が小さな花瓶」という用例自体は,筆者には十分可能なように思われる。実際,次に見るように連体修飾節の述語としてナ形が使われる例は決して珍しくない。

(106) 目ばかり大きな男の子。
(107) 最初は体の大きなタヌキが餌を食べに来る。
(108) 径の小さなメネジは,バイトで切ることが不可能なので,タップで切削する。
(109) 前に出された腰高の戸板に,ゆでたばかりの,太長い爪のわりに,甲がやや小さなズワイガニが,無造作に山積みされていた。

最後の例は「小さなズワイガニ」が「山積みされていた」わけではなく,「甲が小さいズワイガニ」が「山積みされていた」わけで,この「小さな」は述語用法である。上にあげた例では,名詞修飾の主語と修飾される名詞との関係は「男の子の目」「タヌキの体」「メネジの径」のように全体部分関係になっている。確かに,イ形は述語用法に使われることが多いが,この全体部分関係はその例外的なケースで,こうした構文では,修飾節全体が形容詞のように機能しているのでナ形も使われると考えられる。

「ナ形」「イ形」が修飾する名詞

　連体修飾節内の述語用法には,基本的にはイ形が使われる。では,形式名

詞以外の名詞にイ形かナ形が接続する場合，イ形かナ形かによって，接続する名詞に違いはないのだろうか。

表9-7は，それぞれに続く名詞のリストである。先に示したようにイ形に接続する名詞としては形式名詞の頻度がもっとも高いが，ここでは形式名詞を除いた名詞をあげている。

表9-7　名詞との結びつき

「大きな」に続く名詞
意義，意味，価値，ウエイト，影響，効果
教え，救い，励まし，声援，拍手，反響，感銘
被害，事件，戦争，選挙，盗難，犠牲，衝撃
打撃，損害，痛手，利益，うまみ，金，強み
権限，プラス，マイナス，変化，動揺
思い出，圧力，足跡，イメージダウン，違い
開き，特徴，特色，問題，課題，議論，焦点
争点，エポック，危険，リスク，ミス，事故
あやまり，原因，理由
善行，動き，うねり，役割，活躍
ショック，幸せ，関心，かかわり，かぎ
夢，冒険，かけ，ねらい，可能性，転機
ため息，あくび，のび
政府，集落，町，村，市，店，酒場
川，袋，バッグ

「大きい」に続く名詞
グラス，炎，会社
子ども，声，音，力
サケ，くろあげは
はち，かき（果物）
お墓，お寺，家，建物，お屋敷
グループ，靴屋，岩，アトリエ
アパート，スペース，カーブ
アップダウン
のこぎり，はさみ，コップ
ライト，レンズ，コンピュータ
花火，流れ，貼り紙，活字，はた
こぶ，目，顔，順

「小さな」に続く名詞
心配り，親切運動，善行，幸福，夢
波風，美徳，努力，働きかけ，叫び
声，炎，政府，島，岬，池，川，谷
県，村，都市，道
生命，子ども，胸，目，肩，動物
虫，花
家，学校，ビル，飲み屋，旅館
教会，劇団，箱

「小さい」に続く名詞
町，会社，店
入れ物，コップ
子，力　　　　　円，車，角度，穴
　　　　　　　　値，流れ
　　　　　　　　工作物

こうして見ると，まず第一に「な」に続く名詞には抽象名詞の多いことがわかる。次の例に見るように，抽象名詞にイ形は接続しにくい。

(110) 若い世代を代表する書き手として{大きな・*大きい}人気を集めている。

(111) それに，すさんだ心の人が時折見せる{小さな・*小さい}やさしさが何より好きだからと語る。

一方，「大きい」に続く名詞には，具象名詞，中でも空間関係を表す語が多い。「小さい」に普通名詞が続くことは少ないが，その場合には「値」に代表される数量関係の語が来ることが多い。すなわち，「大きい」「小さい」は，客観的な大きさ，物理的な大小を問題にしていると言える。例外的にイ形でなければならない抽象名詞として，「小さい順」「大きい順」の「順」があげられる。ほかの名詞が，たとえば「大きな地震」から「地震が大きい。」への言いかえが可能なのに対して，この名詞のみ「大きい順」から「順が大きい。」には言いかえられない。すなわち「大きい」が「順」を修飾しているのではなく，「X（たとえば，年齢）が大きい＋順」という構成になっていて，「順」という名詞の実質的な意味内容が形容詞によって決められるという関係にあり，この「大きい」「小さい」は，述語用法だと考えられる。

　大きさについて，人は物理的な大小だけでなく，心理的に大きいと言いたいことも多い。あるいは，客観的な基準はなく，心理的な大きさしか問題にできないことがらも多い。その時には，物理的な大きさと区別して次のように「大きな」を用いると考えられる。

(112) だけど，小さな池の大魚に飽きたらず，ニューヨークに出てきたら，大きな池のメダカになっちゃった。

(113) 健康が何よりだと言っていた病弱で小柄な大叔父の大きな頭には，まだまだ多くの古代史の引き出しがあったに違いない。

「大きい壁」と「大きな壁」，「大きい曲がり角」と「大きな曲がり角」，「大きい動き」と「大きな動き」といった同じ名詞と結ぶ例を比べてみると，抽象的な大きさを問題にする時にはナ形がふさわしいようだ。この「大きな」

が抽象名詞と結びつくと，その大きさも抽象的になり，次の用例に見るように「意味のある，重要な」といった意味を帯びてくる。

(114) （略），テニスがもつもうひとつの<u>大きな</u>特徴は，打球回数が比較にならないほど多いことだ。
(115) 投票率を高めることは，どこの選管でも<u>大きな</u>悩み。

「小さな」は，「意味がない」というマイナスの意味にはならず，「小さいながら意味のある」といった意味になる。

(116) 若者のまち，東京・原宿のファッションは，実は埼玉が原産—この夏，岩槻市の<u>小さな</u>メーカーが作ったイラストをプリントしたTシャツが，原宿を，渋谷を席巻した。
(117) 大草原の<u>小さな</u>家。
(118) 明治十八年，新宿駅前の<u>小さな</u>果物店から出発した「高野」はいまや日本一高価な土地に店舗を構える「衣」と「食」の専門店。

次の表9-8は，名詞修飾用法の場合のナ形，イ形全体に占めるナ形の割合を分野別[7]に見たものである。自然科学系にくらべて，社会科学，文芸の分野の方がナ形の使用頻度の高いことがわかる。

---

[7] 自然科学系のデータは，上記KWIC2データから新聞のデータと文芸関係のデータを除いたもの，文芸のデータは，KWIC2データの，小説・シナリオその他14冊，短編25編のデータ，社会科学系のデータは，経済の専門書3冊のデータである。

表 9-8「ナ形」の分野別頻度（単位：パーセント）

	自然科学系	社会科学系	文芸
大きな	60	79	86
小さな	31	54	72

こうしてみると，ナ形は決して特異な形ではなく，むしろ物理的な大小以外の心理的な大きさについては，ナ形の方がふさわしいと言える。慣用句では「大きなお世話」「大きな顔をする」のようにナ形が使われる。これも具体的な大きさではなく，心理的な大きさが問題にされているからだろう。

「ナ形」を使うわけ

　最後に，ナ形が心理的な大きさを表す理由を考えたい。
　「大きな」「小さな」は，歌にもよく出てくる。たとえば，「大きなたいこ」「おおきな栗の木の下で」「小さなスナック」等がある。しかし，イ形容詞を使っている「ちいさい秋」のような歌もある。この歌では，「すました耳にかすかに聞こえるモズの声」や「わずかなすきから入る秋の風」に秋を見つけており，まず言いたいのは現実の「小さいことがら」で，はじめから「小さな秋」と言ってしまっては，余情が生まれないようにも思われる。では，なぜナ形は心理的な大きさを表すのだろうか。

　　(119) a　足が<u>いたい</u>！　　　　　<u>いたい</u>足を引きずる。
　　　　 b　雛祭りは<u>楽しい</u>。　　　　<u>楽しい</u>雛祭り
　　　　 c　ぶりのさしみは<u>おいしい</u>。　<u>おいしい</u>ぶりのさしみ

第1章2.4節で述べたように，形容詞の言いきり形にも概念形と叙述形とがあり，名詞修飾の「おいしいぶりのさしみ」では概念形が用いられ，終止用法の「おいしい。」では通常叙述形が用いられていると考えられる。次の例はどうだろうか。

　　(120) a　お父さんの手は<u>大きい</u>！

b　大きいお父さんの手
　　　c　大きなお父さんの手

　手の物理的な大きさを述べるには「大きい」がふさわしい。しかし，話し手の印象として心理的な大きさを表現したいなら，概念形を使う連体法ではその思いを表すことができない。そこで心理的な大きさを述べるために，イ形より叙述性が高く感じられるナ形を使っていると考えられる。先に表9–3で，イ形，ナ形を持つ語の一覧を示したが，これらの語においても，客観性ではなくその心理面を強調したい時には，ナ形が使われると考えられる。

　以上，品詞の間の連続性について考えてきた。品詞分けと言うと，所与のものを分類しているという印象を与えがちだが，私たちは，品詞に縛られて言葉を使っているわけではない。桜井（1964）には映画の広告として「魂の触れ合いに冴える清冽の感動」という例があげられているが，今日でも品詞の枠を飛びだした用法は多くある。次は広告文の例である。

　　（121）かわいいは作れる。
　　（122）タッチでキレイを逃さない。
　　（123）キレイを探る
　　（124）はたらくを楽しもう。

　島田恭子（2013）は，広告文「家を買う，をギャンブルにしない。」（同4）や「あったらいいなをカタチにする」（同3）における下線の動詞・形容詞を終止形準体法と名付けている。島田は「あったらいいなをカタチにする」では，終助詞が付加されていることから「いい」を終止用法と見ざるを得ないこと，しかし，それが格助詞を伴うという点で全体では体言的にふるまっている点を指摘している。本書では，言い切り形を格助詞が受けている場合には，第1章で述べたように動詞・形容詞の概念形が使われており，また，「いいな」のようにモダリティ表現が格助詞の前に用いられている場合は，

野田（1989）の虚性モダリティが示されていると考える。しかし，島田のあげる広告文「"行ってみたい！"をカタチに　あなたの旅行を提案します」（同5）のように引用符がある場合はもとよりない場合であっても，広告の作り手はこの広告文が読まれることより，心の中で実際に発話されることを狙っていると考えられる。たとえば，用例（124）の「はたらくを楽しもう。」では「はたらく」と「を」の間にポーズを置いて発話するのが普通だろう。その点で，こうした広告文は格助詞が言い切り形を受けてはいるが，叙述性がきわめて高いものと考えられる。

　動詞・形容詞の言い切り形以外にも品詞を逸脱した表現は使われている。

　　（125）まるで<u>梅酒な</u>ノンアルコール
　　（126）<u>クレオパトラな</u>女たち

これらの表現は，人が通常用いる品詞の使い方とあえて異なる使い方をしているために人目を引く。私たちが慣習として作りあげてきた言葉の規範があるがゆえに，こうした表現に新たな意味が盛り込めることになる。

おわりに

　最後に本書で述べてきたことをまとめておく。

　第1部第1章では，まずこれまでの陳述の考え方を振りかえった。もともとモダリティとは，直説法，仮定法，命令法という文の述べ方の違いを表すものだが，日本語ではこれらの法が構文的に区別されず活用形の中に含まれている。そのため語のあり方に注目すると，一つ一つの活用形が持つ陳述性ということを意識せざるをえなくなる。本書では，動詞，形容詞の言いきり形において叙述を担う陳述性が高い場合を叙述形，概念だけを担う陳述性が低い場合を概念形と呼んで区別し，それがどのように文の中に現れているかを観察した。この区別によって，「あなたが持っているので書いてみなさい。」と「あなたが持っているので私は買わない」という用法の違いを別々にたてなくても，「の」の前の陳述性によって違いが生じていると統一的に説明することができる。

　第2部第2章では，語形の共通性に注目することによって，従来別の語として扱われてきたものが実は同じものであることを論じた。具体的には「ので」「のに」「だけで」「だけに」の四語をとりあげた。この四語をとりあげたのは，次のように形と意味に共通するところがあるためである。

　　（1）　外国へ旅行するので，まとまった金が必要だ。
　　（2）　外国へ旅行するだけに，まとまった金が必要だ。
　　（3）　ちょっと旅行するのに，そんなに金が必要か。
　　（4）　ちょっと旅行するだけで，そんなに金が必要か。

　上の（1）から（4）の意味を『日本語文型辞典』（1998）にあたってみると，（1）の「ので」は原因，理由，（2）の「だけに」は当然のなりゆき，（3）の「のに」は逆原因，対比，予想外と説明され，（4）の「だけで」はとりあげ

られていない。これらの語は，語構成の上からは「ので」と「だけで」，「のに」と「だけに」に共通するところがあり，名詞の性格という点では「ので」と「のに」，「だけで」と「だけに」が共通している。本書では，「の」「だけ」の名詞性の違いと「の」「だけ」が受ける述部の陳述性の違いが，意味の違いを反映していると考えられることを述べた。

　第3部では，話し言葉でよく使われる「って」をとりあげ，「って」が①用法の広がりを持つこと，②語形変化の体系を持つことを四つの章に分けて論じた。まず第3章では「って」という語形が「来てくれないってひがむ」という引用の用法，「せがれが嫁もらおうって年になった」という連体的用法，「自転車に乗るっておもしろい」という提題的用法，「そう言うなって。」という終助詞的用法を持つことを，似た用法を持つ「と」と比較しながら論じた。「と」にも格助詞，副詞，引用，接続助詞と，さまざまな用法があるが，実は連続した用法であり，そこに共通するものは「と」が名詞に接続する場合はもとより叙述性を持つ語句，文に接続する場合においても，「と」によってその叙述性が失われ，「と」節は想念を表していると考えられることである。それに対して「って」は引用の意味合いを失わない。「と」と異なる「って」の働きと意味を考えるにあたって，①「って」が連用形の形をとっていること，②連用形の前にポーズが置かれること，の二点が重要と考えた。すなわち，「って」が連用形という形をとっているために接続のし方の自由度が高く，連用形の前のポーズは，「って」の前の述語に叙述性のあることを示している。こうした点から，「って」は「と」とは異なり，モダリティ表現をそのまま主節に引き込めると考えられる。

　第4章では逆接と呼ばれることの多い「たって」「だって」について，語形に注目してその用法を観察し，引用，逆接，終助詞的用法，さらには接続詞という用法の広がりがあることを論じた。引用と逆接を異なる用法と考える立場もありえるが，本書では，①「引用」「条件」ともに「とて」が起源と考えられること，②語形と意味に共通性があること，から同一語形が構文

的条件によって異なる用法を示していると考えた。富士谷成章（中田・竹岡1960）は，「と」の意味として「と見る」「と聞く」「と言ふ」「と思ふ」「とする」の五つをあげている。この「と」を「って」（もとは「とて」）に置きかえた場合，「と見る」から「と思ふ」までは，感覚・思考動詞が接続したもので引用の用法にあたり，「って」が「とする」の意味を持つ場合に逆接の用法が生じると考えられる。すなわち，引用も逆接も「って」が本来持っている用法に含まれるものだと考えることができる。

　第5章では「って」の条件形と考えられる「ってば」「ったら」が提題にも使われることを，係り助詞の「は」「なら」と比較しながら述べた。基本的に「は」が既知情報のとりだし，「なら」が既知情報からの条件付きとりだしと言えるのに対して，「って」は情報のとりいれ過程において用いられる。「って」の提題的な用法は，大きく定義と評価の用法に分けることができる。「ってば」「ったら」は条件形の提題表現であえてそのことを話題にするという意味合いがある。また，「って」「ってば」「ったら」には後件がない形で発話され，終助詞的にふるまうという共通点がある。

　第3部最後の第6章では，①引用，②反復，③話題の引き込み，④伝聞，⑤言いつけ，⑥疑い，⑦訴えかけに分けることのできる引用の「って」のさまざまな用法が，①「って」で受ける句の発話者が誰であるか，②引用句末に「だ」の付加が義務的であるか否か，③主節の述語の有無と，また述語が必要な場合その述語の性質，④「って」の省略の可否，という四つの条件によって区別されることを述べた。一方，逆接の「って」は，①逆接，②反発，③正当化，の三つに分類できる。添加の「も」を構成要素に持つ「でも」「ても」が並べ立ての意味を基本とするのに対して，「だって」「たって」は「とする」の条件性と「だ」とタ形という言いきり形の陳述性によって，一方で係り助詞的な働きをし，一方では反語的な逆接の働きをする。

　全体を通して明らかになったことの一つは，もともとは動詞を内包する「って」が，片や接続詞，片や終助詞へと大きく分化し，それとともにモダ

リティ性を帯びていく点である。この変化は、一方で述語により近い助動詞を経て終助詞への分化であり、また一方で、接続助詞から接続詞への分化である。文頭で聞き手の発話を受ける「だって」と、文末で「明日は雨が降るんだって。」と他者の発話を受ける「だって」は意味的に共通する。ただし、そこに示されるモダリティの内容は、位置によって異なっている。文頭では先行文脈との関係づけが行われ、文末では話し手の伝達態度が示される。さらに「って」の述語の主体が一般化することで「って」は係り助詞に近づく。こうした語形の観察から「って」の意味の広がりと連続性が見てとれた。また一方で、引用、話題の引き込み、訴えかけの「って」の用法には、ほぼ同じ意味で「ってば」「ったら」あるいは「ったり」という形がある。これら tte, ttari, ttara, tteba, ttarou という語形は、使役を表す -aseru や受身を表す -areru が活用するのにきわめて近く、「って」が全体として一つの語形変化の体系を持っていると考えられる。

　第4部第7章では、「が」「けど」の用法を観察した。「が」「けれど」は「スキーはできるが、スケートはできない」といった逆接用法だけではなく、「すみませんが、……」や「いいんじゃないですか。よくわからないけど。」といった逆接を表さない用法も持つ。まず、話し言葉のデータを分析し、「が」「けど」類の使用実態を観察した。そして、「が」「けど」類の意味、用法については、大きく、①前置き、②対比・逆接、③言いきりの回避、④注釈、の四つに分けられることを述べ、「が」「けど」類の基本的な意味は、「異なる側面があること」と「後続節焦点化」と考えられることを述べた。
　なお、本章では生の会話資料を用いて「が」「けど」類の用法を観察した。その際、これまで日本語文法において重要な指標の一つとされてきた三尾の丁寧化百分率がうまく適合しないという結果になった。その大きな理由は、実際の会話ではさまざまな条件が働いており、終結部が普通体の文であっても、文全体のスタイルが必ずしも普通体にはならないためである。普通体、丁寧体間のシフトもあれば、そもそも述語で言い終わらない文も多い。しかし、実際の発話において中止、中断や倒置が頻繁に起こるものであるなら、

これまで接続助詞とされてきた「が」「けど」類が，中核的な意味を持ちつつ文のさまざまな位置で，したがって接続助詞という品詞にとどまらず機能するのはきわめて自然なことだと言うことができる。

　第8章では，「だ」について，これが述語要素であるとともに，きわめてモダリティ性の高い語であることを論じた。書き言葉においては「だ」は名詞述語文の構成要素として必須だが，話し言葉ではむしろ「だ」が必須の場合は限られている。すなわち，一部の接続詞，例示の機能を持つ「だの」「だか」，そして接続助詞が続く「だし」「だが」等である。話し言葉では，文末の言いきりの「だ」は，話し言葉の持つ現場性に支えられて，統語的には義務ではなく，命題に関わらないという点でモダリティ性が高い。このモダリティ性にはレベル差がある。すなわち，自分自身に向けた発話か他者に向けた発話かという違いがあり，自分自身に向けて「だ」を用いる時には，「もうだめだ。」「あった！これだ！」といった，感情の吐露，非難，発見，思いあたりの用法があげられるが，この時「だ」の他者に向けた伝達のモダリティは発動されない状態にある。言いきり形で自分自身に向けた発話は，男女ともに用いる。しかし，言いきり形で他者に向けて発話する場合には「礼だ，礼をしろ」や「どういうことだ」といった主張，宣言，命令，疑問，問い返しの用法が多く，もっぱら男性が用いる。命題の主要な構成要素である名詞述語の「だ」が，「それにだ……」のように間投助詞的に使われたり，「ざまあみろ，だ。」のように文相当の句を受けるのは興味深い。こうした点から「だ」はモダリティ性が高く，かつ，文において必須の要素とは言えない。日本語の名詞述語文は，話し言葉においては「XはY。」でも意味は通じ，文末が述語で終止しないことも多く，また「XはYだ。」と「だ」で言い切る文は女性は普通用いないことから，日本語の名詞述語文の基本形は「XはY。」とも考えられる。

　最後の第5部第9章では，名詞，形容詞，動詞と名付けられたそれぞれの品詞に属する語が，その意味素性と構文によって異なるふるまいを見せ

る，そのありようと条件を見た．名詞にはもともと名詞的性格しか持たない語，形容詞的性格を持つ語，動詞的性格を持つ語，副詞的性格を持つ語があり，それが構文によって形容詞的ふるまいや副詞的ふるまいをする．措定文の名詞述語は形容詞的にふるまい，「勢い」「事実」「結果」「実際」は，名詞でありながら副詞的にふるまう．さらに，動詞の名詞的ふるまい，形容詞の名詞的ふるまいを観察し，最後にふるまいの異なる同義語をとりあげた．たとえば，「小さな」「小さい」のようにナ形とイ形を持つ語の場合，その心理的な面をとりあげたい時にはナ形が，客観的な面をとりあげたい時にはイ形が使われると言える．

　言葉の機能というのは，語形が文の中で果たす役割であって，機能が語形の中にもともと備わっているわけではない．語形が定まっているから機能が明確になる．ある語がどういう機能を持っているかを問う前に，どうしてこの語形がその機能を担うことになったのかを考えたい，というのが本書の意図するところ，出発点であった．現在，統語論の研究がさかんに行われているが，語形との関わりがもっと顧みられてもいいように思う．本書でとりあげた「だ」は，日本語の判断を示す判定詞として命題を構成するきわめて基本的な述語であるが，それが文頭で「だって」という接続詞の構成部分として命題の外で用いられる，と同時に，文末で「へーんだ」と終助詞のようにも働くという興味深いふるまいをする．また，接続助詞の「だって」から接続詞の「だって」は成立していると考えられ，両者の関連性は明らかである．「が」「けど」類については，文中で接続助詞として働く割合とほぼ同じくらい文末で言い終わりに使われていることが示された．また，生の会話資料を観察すると，そもそも文中，文末という区別がさほど意味を持たないことがわかる．本書で観察した「って」もまた用法の連続性を持っている．もともとは省略形だが，その省略の段階にもさまざまなものがあり，また，「行くって話」といった本来テ形が接続しない名詞にも接続するというかなり自在なふるまいをする．しかも，そうした用法全体が一つの整った体系をなしているという事実が観察できた．動詞の活用形と対応するように「っ

て」が変化する形を持っているということは興味深い。しかし、考えてみれば、意味の連続性、語形の体系性は言葉にとって当然のことともと思われる。文法家は語の用法を把握しやすいようにさまざまに分類を行うが、言葉を使う人が分類にしたがって発話しているわけでもなく、そのような分類を必要ともしていない。言葉が意味の連続性、体系性を持っているからこそ、一つ一つの言葉の意味が成り立つのであり、また、そうでなければ記憶負担が大きすぎて使いこなせないという側面もある。人は自然に、あるいは、意図的に、その語の使われ方から中核的な意味を引きだし、それを場面の持つ条件に合わせるように変更を加え使っている。本書は、語形がどういう意味を持っているかにこだわって、言葉のあり方の一つの側面を示そうとしたものだと考える。

あとがき

　本を閉じるにあたって，ご指導をしていただいた方々，お世話になった方々のお名前を列挙するのが一般的なようだが，ここでは特に次のお二人に感謝の意を申し述べたい。

　日下部文夫（KUSAKABE Fumio）先生は，1917年のお生まれで，言語学，特に音声学を専門とされ，沖縄やミクロネシアで言語調査を手掛けられた。先生は著者の東京外国語大学大学院での指導教官だった。お体が弱いためもあってか，ご自身の研究成果を積極的に外部に発表されたとは言いがたい。しかし，日本語の音韻体系，アクセント，表記等について深く考えられ，言葉の本性をしかと見定めておられた。その論考はユニークかつ難解で，指導を受けながら，先生のお考えを十分に理解できてはいない。著者が先生から学んだことは，言葉に対する熱い思いと，2014年2月に97歳で亡くなられる直前まで，ご自身の論考を書きすすめられていた，先生の学問に対する姿勢であったと思う。

　庵功雄（IORI Isao）氏とは，一橋大学に着任されてから，同僚として仕事をともにしてきた。著者が2011年に研究休暇を取ったとき，これまでに発表した論文をまとめることを勧めてくださったのは庵氏である。2013年12月に一つの形になったあと，すべての原稿に目を通してくださり，様々な助言をいただいた。庵氏は先行文献の読み込み量と問題点の的確な把握，分析力に抜きんでている。そのコメントは厳しくもあったが，学ぶことが実に多かった。こうして身近に指導を仰げたことは本当にありがたいことであった。

　このお二人だけでなく，本当に数多くの方に支えられて，こうして一つの形を作ることができた。すべての方に心から感謝を申し上げます。

なお，本書の出版は，一橋大学大学院法学研究科研究叢書の助成を受けている。

2015 年 3 月
三枝　令子

用例出典・参考文献

用例出典
　本文中の用例出典に記した KWIC1 は，国立国語研究所が 1990 年当時所蔵していたデータベースである。KWIC2 は，情報処理振興事業協会技術センターの作成になるもので，新聞一月分（1983 年），計算機マニュアル・理科系教科書・科学雑誌計 30 冊，小説・シナリオ・随筆等計 21 冊，短編小説 25 編からなる。
　なお，以下の出典に（少納言）と付したものは，国立国語研究所公開コーパス BCCWJ の「少納言」からのデータである。

●公開会話データ
女性：現代日本語研究会編（1987）『女性のことば・職場編』ひつじ書房
男性：現代日本語研究会編（2002）『男性のことば・職場編』ひつじ書房

●インターネット
知恵袋：Yahoo! 知恵袋（少納言）
ブログ：Yahoo! ブログ（少納言）

●新聞・雑誌等
朝日：朝日新聞
読売：読売新聞（少納言）
日経：日本経済新聞
北海道：北海道新聞（少納言）
栗：「栗の木の思い出」『Just Health』1993.9.
Tarzan：『Tarzan』マガジンハウス 2004.9.8（少納言）
翼 1：『翼の王国』No.369

翼2:『翼の王国』No.543
夫婦:「夫婦の階段」『週刊朝日』1994.4.22.
みみずく:五木寛之「みみずくの散歩」日本経済新聞 1993.10.3.

シナリオと漫画は省略

●小説
会えて:石井ゆうみ『会えてよかったね』講談社
アガサ:アガサ・クリスティー著　各務三郎訳『アガサ・クリスティー探偵名作集』岩波書店(少納言)
篤姫:宮尾登美子『天璋院篤姫』講談社(少納言)
池袋:宮藤官九郎『池袋ウエストゲートパーク』角川書店
遺骨:内田康夫『遺骨』文春文庫
オペラ:赤川次郎『三毛猫ホームズの歌劇場』角川書店
女社長:赤川次郎『女社長に乾杯』新潮社
ガサ:小林潔『ガサ!』徳間書店(少納言)
過保護:水島忍『過保護なお兄さま』リーフ出版星雲社(少納言)
神:村上春樹「かえるくん,東京を救う」『神の子どもたちはみな踊る』新潮社
からくり:梨木香歩『からくりからくさ』新潮社
季節:山本周五郎「青ぺか物語・季節のない街」『山本周五郎全集14巻』
君を:山田太一『君を見上げて』新潮社
金田一:天樹征丸『金田一少年の事件簿1　オペラ座館・新たなる殺人』講談社
クルマ:樋口健治『クルマとつきあう法』ごま書房(少納言)
ゴールデン:伊坂幸太郎『ゴールデンスランバー』新潮文庫
コマネチ:ビートたけし『コマネチ』新潮社(少納言)
コレラ:藤田紘一郎『コレラが街にやってくる』朝日新聞社(少納言)
さぶ:山本周五郎『さぶ』新潮社
さらば:片岡巍『さらば上海・江南の空』光和堂(少納言)
司馬:司馬遼太郎『司馬遼太郎全講演』朝日新聞社
砂冥宮:内田康夫『砂冥宮』実業之日本社
そば:石川文康『そば往生』筑摩書房(少納言)
太郎:曽野綾子「太郎物語高校編」新潮社
ダンス:村上春樹『ダンス・ダンス・ダンス』講談社(少納言)
つぐみ:吉本ばなな『TUGUMI』中公文庫
デート:赤川次郎『一番長いデート』集英社
突撃隊:カトリーヌあやこ・落合ゆかり『いきなりミーハー突撃隊』集英社(少納言)
三姉妹:赤川次郎『三姉妹探偵団3』講談社

梅安：池波正太郎『梅安料理ごよみ』講談社
ばち：山本周五郎『おさんあすなろう』新潮社
秘密：池波正太郎『秘密』文芸春秋
百名山：深田久弥『日本百名山』新潮社（少納言）
病理：大平健『豊かさの精神病理』岩波書店
プレゼント：川一『癌は，神様から届いたプレゼントだった』新風舎（少納言）
ペット・ケア：東潔『夢を夢で終わらせないためのペット・ケアの仕事と資格』同文館出版（少納言）
ポピンズ：P・L・トラヴァース著 林容吉訳『公園のメアリーポピンズ』岩波書店（少納言）
待ち伏せ：山本周五郎『待ち伏せ』新潮社
三毛：赤川次郎『三毛猫ホームズの怪談』角川書店
娘へ：森津純子『母を看取るすべての娘へ』朝日新聞社（少納言）
ムツゴロウ：畑正憲『ムツゴロウの動物交際術』文藝春秋（少納言）
模倣：宮部みゆき 2006『模倣犯』新潮社
夢見る：安岡章太郎「夢見る女」『質屋の女房』新潮社
ヨーグルト：家森幸男『カスピ海ヨーグルトの真実』法研（少納言）
楽園：畠山久米子『ひとりの楽園』文芸社（少納言）
龍：宮部みゆき『龍は眠る』新潮社

出典のないものは作例である。

引用文献
●**辞典類**
金田一京助・佐伯梅友・大石初太郎・野村雅昭編 2002『新選国語辞典』第 8 版　小学館
グループ・ジャマシイ編著 1998『日本語文型辞典』くろしお出版
国語学会編 1980『国語学大辞典』東京堂出版（第 9 版を使用）
尚学図書編 1981『国語大辞典』小学館
田中春美編 1988『現代言語学事典』成美堂
西尾実・岩淵悦太郎・水谷静夫編 2000『岩波国語辞典』第 6 版　岩波書店
飛田良文・浅田秀子 1994『現代副詞用法辞典』東京堂出版
松村明編 1971『日本文法大辞典』明治書院
松村明編 1988『大辞林』三省堂（1992　第 21 刷を使用）
森岡健二・徳川宗賢・川端善明・中村明・星野晃一編 2012『集英社国語辞典』第 3 版　集英社

山田忠雄編集主幹 1981『新明解国語辞典』第 3 版　三省堂
山田敏雄・石綿敏雄編 1998『角川最新国語辞典』41 版　角川書店

●日本語文献
朝山信彌 1931「語尾に「に」を有する古代象徴辞の一問題」『國語國文』1 巻 1 号
足立さゆり 1995「会話の流れにおける尊敬語の視点とシフト」『日本語の研究と教育　窪田富男先生退官記念論文集』専門教育出版
安達太郎 1989「日本語の問い返し疑問について」『日本語学』8 月号
庵功雄 2012『新しい日本語学入門　ことばのしくみを考える』第 2 版スリーエーネットワーク
石井正彦 2002「日本語の形態論」飛田良文・佐藤武義編『現代日本語講座　第 5 巻　文法』明治書院
石垣謙二 1944「主格「が」助詞より接續「が」助詞へ」『國語と國文學』21 巻 3-4 號（服部四郎他編 1981『日本の言語学　第 7 巻　言語史』大修館書店所収を使用）
石垣謙二 1955『助詞の歴史的研究』岩波書店
石黒圭 2008『日本語の文章理解過程における予測の型と機能』ひつじ書房
井島正博 2002「主語のない名詞述語文」『日本語学』12 月号
市川孝 1965「接続詞的用法を持つ副詞」『国文』1 号　お茶の水女子大学国語国文学会
井上史雄 1998『日本語ウオッチング』岩波書店
今村和宏 2007「「のだ」の発話態度の本質を探る―「語りかけ度」と「語りかけタイプ」―」『一橋大学留学生センター紀要』10 号
岩井智子 1988「「から」と「ので」意味と用法及びその指導法」『昭和 62 年度日本語教育研修会実修課程報告書』日本語教育学会
岩男考哲 2003「引用文の性質から見た発話「～ッテ。」について」『日本語文法』3 巻 2 号
氏家洋子 1969「文論的考察による接続助詞『の』の設定」『国文学研究』41 集
内田安伊子 2001「「けど」で終わる文についての一考察―談話機能の視点から―」『日本語教育』109 号
岡本能里子 1997「教室談話における文体シフトの指標的機能―丁寧体と普通体の使い分け―」『日本語学』3 月号
奥田靖雄 1985『ことばの研究・序説』むぎ書房
沖裕子 1995「対話型接続詞における省略の機能と逆接―「だって」と「なぜなら」「でも」―」中條修編『論集　言葉と教育』和泉書院
沖裕子 1997「新用法からみた対話型接続詞「だって」の性格」『信州大学人文科学論集　文化コミュニケーション学科編』31
尾上圭介 1979「「そこにすわる！」表現の構造と文法」『言語』8 巻 5 号（2001『文法と意味 I』くろしお出版所収を使用）

尾上圭介 1982「現代語のテンスとアスペクト」『日本語学』12月号（2001『文法と意味Ⅰ』くろしお出版所収を使用）

尾上圭介 1990「文法論―陳述論の誕生と終焉―」『国語と国文学』67巻5号（2001『文法と意味Ⅰ』くろしお出版所収を使用）

影山太郎 1993『文法と語形成』ひつじ書房

金澤裕之 2002「近代語―話しことばにおける文の内部の丁寧さ」『國文学』5月号

金澤裕之 2008『留学生の日本語は，未来の日本語　日本語の変化のダイナミズム』ひつじ書房

カモンオーン・コモンワニック，沢田奈保子 1993「名詞述語文の日・タイ対照研究―認知語用論的観点から―」『言語研究』103

川端善明 1978『活用の研究Ⅰ』大修館書店

川端善明 1979『活用の研究Ⅱ』大修館書店

木枝増一 1937『高等国文法新講品詞篇』東洋図書

許夏玲 1999「文末の「って」の意味と談話機能」『日本語教育』101号

金賢娥 2013「引用構文における発話動詞の潜在―複文としての分析―」『日本語文法』13巻1号

金珍娥 2013『談話論と文法論　日本語と韓国語を照らす』くろしお出版

金水敏 2001「テンスと情報」音声文法研究会編『文法と音声Ⅲ』くろしお出版

金水敏 2003『ヴァーチャル日本語　役割語の謎』岩波書店

日下部文夫 1956「口語動詞の活用の考え方」『岡山大学法文学部学術紀要』7

日下部文夫 1961「アクセントの現象二三」『言語生活』7月号

日下部文夫 1967「活用体系における概念形と叙述形（発表要旨）」『国語学』71

日下部文夫 1968「現代日本語における助詞分類の基準―助詞の相関―」『言語研究』53号

工藤真由美 2002「日本語の文の成分」飛田良文・佐藤武義編『現代日本語講座　第5巻　文法』明治書院

國廣哲彌 1962「日本語格助詞の意義素試論」『島根大学論集』12号（川本茂雄他編 1979『日本の言語学　第5巻　意味・語彙』大修館書店所収を使用）

国広哲弥 1992「「のだ」から「のに」・「ので」へ―「の」の共通性―」『日本語研究と日本語教育』名古屋大学出版会

久野暲 1973『日本文法研究』大修館書店

小泉保 1978『日本語の正書法』大修館書店（1996第3版を使用）

小泉保 2000「言語研究における機能主義」小泉保編『言語研究における機能主義―誌上討論会―』くろしお出版

小泉保 2008『現代日本語文典』大学書林

小出慶一 1984「接続助詞「ガ」の機能について」『アメリカ・カナダ十一大学連合日本研究センター紀要』7

国立国語研究所 1951『現代語の助詞・助動詞―用法と実例―』秀英出版
小林幸江 1979「「に」のつく副詞，「と」のつく副詞」『日本語学校論集』6 号
小林好日 1936『日本文法史』刀江書院
此島正年 1973『国語助詞の研究　助詞史素描』桜楓社
近藤安月子 2002「会話に現れる「ノダ」―「談話関連語」の視点から―」『シリーズ言語科学 5　日本語学と言語教育』東京大学出版会
三枝令子 1989「続・日本語ワンポイントレッスン」『言語』18 巻 4 号
阪倉篤義 1974『改稿　日本文法の話』教育出版（1998 第 3 版を使用）
佐久間鼎 1956『現代日本語法の研究《改訂版》』くろしお出版（1983 復刊第 1 版を使用）
桜井光昭 1964「『名誉の』と『名誉な』」時枝誠記・遠藤嘉基監修『口語文法講座 3　ゆれている文法』明治書院
佐竹久仁子 1986「「逆接」の接続詞の意味と用法」宮地裕編『論集　日本語研究（一）現代編』明治書院
定延利之 2010「「た」発話を行う権利」『日本語 / 日本語教育研究』1　ココ出版
柴田武・國廣哲彌・長嶋善郎・山田進・浅野百合子 1982『ことばの意味 3　辞書に書いてないこと』平凡社（2003 平凡社ライブラリー版初版を使用）
島田恭子 2013「広告表現等における＜終止形準体法＞について」『叙節』40 号　奈良女子大学日本アジア言語文化学会
荘司育子 1992「疑問文の成立に関する一考察―「デス」という形式をめぐって―」『日本語日本文化研究』2　大阪外国語大学
白川博之 1996「「ケド」で言い終わる文」『広島大学日本語教育学科紀要』6
白川博之 2009『「言いさし文」の研究』くろしお出版
杉浦まそみ子 2007『引用表現の習得研究　記号論的アプローチと機能的統語論に基づいて』ひつじ書房
杉戸清樹 1983「待遇表現としての言語行動―「注釈」という視点―」『日本語学』7 月号
砂川有里子 1988「引用文における場の二重性について」『日本語学』9 月号
鈴木重幸 1972『日本語文法・形態論』むぎ書房
鈴木睦 1993「女性語の本質―丁寧さ，発話行為の視点から―」『日本語学』12 月号
鈴木睦 1997「日本語教育における丁寧体世界と普通体世界」田窪行則編『視点と言語行動』くろしお出版
鈴木義和 1992「提題のナラとその周辺」『園田学園女子大学論文集』26 号
高橋四郎 1931「動詞の終止形―辞書・注釋書を中心とする考察―」『國語國文』1 巻 1 号
高橋太郎 2005『日本語の文法』ひつじ書房
田窪行則 1989「名詞句のモダリティ」仁田義雄・益岡隆志編『日本語のモダリティ』くろしお出版

竹内美智子 1973「副詞とは何か」鈴木一彦・林巨樹編『品詞別日本文法講座　連体詞・副詞』明治書院
田中章夫 1984「4　接続詞の諸問題―その成立と機能―」鈴木一彦・林巨樹編『研究資料日本文法　第4巻　修飾句独立句編』明治書院
田野村忠温 1990「文における判断をめぐって」崎山理・佐藤昭裕編『アジアの諸言語と一般言語学』三省堂
田野村忠温 2002「形容動詞連体形における「な/の」選択の一要因―「有名な」と「無名の」―」『計量国語学』23巻4号
趙華敏 2001「反論という発話行為における『だって』と『でも』の機能について―話者の態度から見て―」『同志社女子大学大学院文学研究科紀要』創刊号
寺村秀夫 1968「日本語名詞の下位分類」『日本語教育』12号
寺村秀夫 1973「感情表現のシンタクス―「高次の文」による分析の一例―」『月刊言語』2巻2号（寺村（1993）『寺村秀夫論文集Ⅱ』くろしお出版所収を使用）
寺村秀夫 1978『日本語の文法（上）』国立国語研究所
寺村秀夫 1980「名詞修飾部の比較」國廣哲彌編『日英語比較講座　第2巻　文法』大修館書店
寺村秀夫 1981『日本語の文法（下）』国立国語研究所
寺村秀夫 1982『日本語のシンタクスと意味Ⅰ』くろしお出版
寺村秀夫 1984『日本語のシンタクスと意味Ⅱ』くろしお出版
寺村秀夫 1991『日本語のシンタクスと意味Ⅲ』くろしお出版
田昊 2013「「言いさし」の「けど」類の使用実態に関する一考察―日本語教育文法の視点から―」『日本語教育』156号
土井洋一 1969「第2章接続助詞十　けれども〈現代語〉」松村明編『古典語現代語助詞助動詞詳説』學燈社
時枝誠記 1950『日本文法　口語篇』岩波書店（1988改版第13刷を使用）
中右実 1980「文副詞の比較」國廣哲彌編『日英語比較講座　第2巻　文法』大修館書店
中川正之 1975「多・遠と的―日本語との比較から―」『アジア・アフリカ語の計数研究』1号
中田祝夫・竹岡正夫 1960『あゆひ抄新注』風間書房
中野はるみ 2005「転成名詞の文中での意味のあり方―「たのし・さ」と「たのし・み」―」『長崎国際大学論叢』5巻
永野賢 1952「「から」と「ので」とはどう違うか」『國語と國文學』29巻2号
西尾寅弥 1984「品詞の転成」鈴木一彦・林巨樹編『研究資料日本文法　第1巻　品詞論・体言論』明治書院
西山佑司 2003『日本語名詞句の意味論と語用論―指示的名詞句と非指示的名詞句―』ひつじ書房
仁田義雄 1980「「多イ」「少ナイ」の装定用法」『語彙論的統語論』（1988再販を使用）

仁田義雄 1987「条件づけとその周辺」『日本語学』9 月号
仁田義雄 1989「現代日本語文のモダリティの体系と構造」仁田義雄・益岡隆志編『日本語のモダリティ』くろしお出版
仁田義雄 1997『日本語文法研究序説―日本語の記述文法を目指して―』くろしお出版
日本語記述文法研究会編 2003『現代日本語文法 4　第 8 部モダリティ』くろしお出版
日本語記述文法研究会編 2008『現代日本語文法 6　第 11 部複文』くろしお出版
日本語記述文法研究会編 2009『現代日本語文法 5　第 9 部とりたて　第 10 部主題』くろしお出版
丹羽哲也 1994「主題提示の「って」と引用」『人文研究』46 巻第二分冊　大阪市立大学
野田春美 1995「ガとノダガ―前置きの表現―」宮島達夫・仁田義雄編『日本語類義表現の文法（下）複文・連文編』くろしお出版
野田春美 1997『「の（だ）」の機能』くろしお出版
野田尚史 1986「複文における「は」と「が」の係り方」『日本語学』2 月号
野田尚史 1989「真性モダリティを持たない文」仁田義雄・益岡隆志編『日本語のモダリティ』くろしお出版
野田尚史 1998「「丁寧さ」からみた文章・談話の構造」『国語学』194 集
野間秀樹 2008「言語存在論試考序説Ⅰ」『韓国語教育論講座』4 巻　くろしお出版
芳賀綏 1954「"陳述"とは何もの？」『國語國文』23 巻 4 号（服部四郎他編 1978『日本の言語学　第 3 巻　文法Ⅰ』大修館書店所収を使用）
萩原孝恵 2008「人間関係と接続詞「だって」の使い方」『昭和女子大学大学院言語教育・コミュニケーション研究』3
橋本進吉 1959『國文法體系論』岩波書店
蓮沼昭子 1995「談話接続語『だって』について」『姫路獨協大学外国語学部紀要』8
浜田麻里 1995「トコロガとシカシ　逆接接続語と談話の類型」『世界の日本語教育』5 号
林知己夫 1996『日本らしさの構造』東洋経済新報社
林栄一監訳 1975『ブロック日本語論考』研究社出版
原口祐 1971「『ノデ』の定着」『静岡女子大学研究紀要』5 号
日野資純 1963「いわゆる接続助詞『ので』の語構成―それを二語に分ける説を中心として―」『国語学』52 集
ビルマン，オリビエ 1988「間接話法の日仏比較対照―文中の会話文＋「と」を中心として―」『日本語学』9 月号
藤田保幸 1986「文中引用句「〜ト」による「引用」を整理する―引用論の前提として―」宮地裕編『論集　日本語研究（一）現代編』明治書院
藤田保幸 1997「従属句「〜カ（ドウカ）」再考」『滋賀大学教育学部紀要』47 号
藤田保幸 2000『国語引用構文の研究』和泉書院
星野和子 1986『現代語における「も」の用法』東京女子大学日本文学科

堀井令以知 1974「名詞文の機能」『アカデミア』97　南山大学
前田直子 1993「逆接条件文「〜テモ」をめぐって」益岡隆志編『日本語の条件表現』く
　　ろしお出版
前田直子 1995「ケレドモ・ガとノニとテモ―逆接を表す接続形式―」宮島達夫・仁田
　　義雄編『日本語類義表現の文法（下）複文・連文編』くろしお出版
牧典子 1996「「って」―その成立と現在の使用傾向について―」『熊本大学留学生セン
　　ター紀要』1号
松田剛史 1985「「て」，連用形，「と」の分布」『大谷女子大国文』15
益岡隆志・田窪行則 1989『基礎日本語文法』くろしお出版
益岡隆志・田窪行則 1992『基礎日本語文法　改訂版』くろしお出版
益岡隆志 1997『新日本語文法選書2　複文』くろしお出版
益岡隆志 2002「複文各論」『日本語の文法4　複文と談話』岩波書店
松尾捨 1969「第1章格助詞五　と〈古典語・現代語〉」松村明編『古典語現代語助詞助
　　動詞詳説』學燈社（6版 1987を使用）
松下大三郎 1930『標準日本口語法』中文館書店（1977 復刊（増補校訂）勉誠社を使用）
三尾砂 1942『話言葉の文法』帝国教育会出版部（1995『話言葉の文法（言葉遣篇）』くろ
　　しお出版を使用）
三上章 1953『現代語法序説』（1972 復刊を使用）くろしお出版
三上章 1955『現代語法新説』（1972 復刊を使用）くろしお出版
三上章 1959『続・現代語法序説』（1972 復刊を使用）くろしお出版
三上章 1960『象は鼻が長い』くろしお出版
三上章 1963『日本語の構文』くろしお出版
水谷静夫・星野和子 1994「名詞から副詞まで―語類の新しい枠づけ―」『計量国語学』
　　19巻7号
南不二男 1974『現代日本語の構造』大修館書店
嶺田明美・冨田由布子 2009「接続詞「だって」の談話における機能」『学苑』826　昭
　　和女子大学
三宅武郎 1934「述詞」『音聲口語法』（服部四郎他編 1978『日本の言語学』第3巻所収を
　　使用）
三宅武郎 1937「動詞の連體形に關する一つの疑ひについて」『國語と國文學』14巻11
　　号
宮崎和人 2002「認識のモダリティ」宮崎和人・安達太郎・野田春美・高梨信乃『モダリ
　　ティ』くろしお出版
宮田幸一 1948『日本語文法の輪郭』三省堂
泉子・K・メイナード 2000『情意の言語学』くろしお出版
泉子・K・メイナード 2005『談話表現ハンドブック』くろしお出版
森岡健二・宮地裕・池上嘉彦・南不二男・渡辺実 1974『シンポジウム日本語②　日本語

の文法』学生社
森川正博 2009『疑問文と「ダ」』ひつじ書房
森重敏 1954「「て，って」「てば，ってば」「たら，ったら」について」『國語國文』23巻11号
森重敏 1965『日本文法―主語と述語―』武蔵野書院
森田良行 2005『外国人の誤用から分かる日本語の問題』明治書院
森野宗明 1969「第2章接続助詞八　が〈古典語・現代語〉」松村明編『古典語現代語助詞助動詞詳説』學燈社（1987 第6版を使用）
森山卓郎 1988『日本語動詞述語文の研究』明治書院
森山卓郎 1989「自同表現をめぐって」『待兼山論叢』23号
森山卓郎 1992「文末思考動詞「思う」をめぐって―文の意味としての主観性・客観性―」『日本語学』8月号
山口堯二 1980『古代接続法の研究』明治書院
山口堯二 1995「逆接仮定表現の末流」『語文』64　大阪大学
山口堯二 1996『日本語接続法史論』和泉書院
山口佳也 1982「「～から」と「～ので」のかかり先について」『国文学研究』77集　早稲田大学国文学会
山口佳也 1992「文節末の「か」の用法」『日本語史の諸問題　辻村敏樹教授古希記念論文集』明治書院
山崎誠 1996「引用・伝聞の「って」の用法」『国立国語研究所報告集』17
山田進 2000「「いい」の意味論―意味と文脈―」『日本語　意味と文法の風景―国広哲弥教授古稀記念論文集―』ひつじ書房
山田孝雄 1908『日本文法論』宝文館
山田孝雄 1922『日本口語法講義』實文館
湯沢幸吉郎 1957『増訂　江戸言葉の研究』明治書院（1991 増訂3版を使用）
湯沢幸吉郎 1962『徳川時代言語の研究』風間書房
吉井量人 1977「近代東京語因果関係表現の通時的考察―「から」と「ので」を中心として―」『国語学』110集
吉田茂晃 1988「ノダ形式の構造と表現効果」『国文論叢』15 神戸大学文学部国語国文学会
李德泳・吉田章子 2002「会話における「んだ＋けど」についての一考察」『世界の日本語教育』12号
李明熙 2011「話し言葉における名詞文の文末形式の使い分け」『日本語/日本語教育研究』2　ココ出版
劉雅静 2012「一語名詞文から見る「ダ」の意味機能―中国語の"是"との比較を兼ねて―」『日本語文法』12巻1号
渡辺誠治 1995a「題目提示に関する『φ』と『ッテ』」『さわらび』4号　神戸市立大学

渡辺誠治 1995b「ある要素に対する新規の属性の取り入れに関わる形式―「ッテ」と「φ」を中心に―」『日本語・日本文化』21　大阪外国語大学
渡辺実 1953「叙述と陳述―述語文節の構造―」『国語学』第 13・14 輯（服部四郎他編 1978『日本の言語学　第 3 巻　文法 I』大修館書店所収を使用）
渡辺実 1971『国語構文論』塙書房
渡辺実 1974『国語文法論』笠間書院

● 外国語文献
Alfonso, A. 1974 *Japanese Language Patterns*, Vol.2　講談社
Bally, C. 1950 *Linguistique Generale et Linguistique Française*. A. Francke S.A., Berne.
Benveniste, E. 1966 *Problems de linguistique générale*. Gallimard Paris.（岸本道夫監訳 1983『一般言語学の諸問題』みすず書房）
Givón, T. 1995 "Isomorphism in the Grammatical Code" *Iconocity in Language*. Simone, R.（ed.）, John Benjamins.
Halliday, M. A. K. 1970 "Functional Diversity in Language as Seen from a Consideration of Modality and Mood in English" *Foundations of Language* 6.
Halliday, M.A.K. 1985 *An Introduction to Functional Grammar*. Eduard Arnold.
Li, C. N. 1986 "Direct and indirect speech：A functional Study" *Direct and indirect speech* Coulmas F.（ed.）Mouton de Gruyter.
Lyons, J. 1995 *Linguistic Semantics An Introduction*. Cambridge University Press.
Miller, R. A. 1969 *Bernard Bloch on Japanese*. Yale University（R.A.Miller 編　林栄一監訳 1975『ブロック日本語論考』研究社）
Palmer, F. R. 2001 *Mood and Modality, Second edition*. Cambridge University Press
Wierzbicka, A. 1974 "The Semantics of Direct and Indirect Discourse" *Papers in Linguistics*, Vol. 7.
Jakobson, R. 1980 *The Framework of Language*. Michigan Studies in the Humanities（池上嘉彦，山中桂一訳 1984『言語とメタ言語』勁草書房）

● 本書のもとになった論文
　以下に本書のもとになった論文を掲げる。いずれも大幅な修正，加筆を施している。

第 1 章 2 節
　「動詞・形容詞の名詞的ふるまい」『ソフトウェア文書のための日本語処理の研究―12』情報処理振興事業協会技術センター 1993
第 2 章
　「語形から機能を知る―ので，のに，だけで，だけに，の分析を通して―」『言語文化』39 巻　一橋大学語学研究室 1993

第 3 章
　「「って」の構文的位置づけ―「と」による引用と「って」による引用の違い―」『日本語と日本語教育　阪田雪子先生古希記念論文集』三省堂 1995
第 4 章
　「「だって」「たって」の本義とその用法の広がり」『日本語の研究と教育　窪田富男先生退官記念論文集』専門教育出版 1995
第 5 章
　「提題の「ってば」「ったら」―「珠美ったら，無茶言わないでよ」―」『一橋大学留学生センター紀要』第 2 号 1999
第 6 章
　「「って」の体系」『言語文化』34 巻　一橋大学語学研究室 1997
第 7 章
　「話し言葉における「が」「けど」類の用法」『一橋大学留学生センター紀要』第 10 号 2007
第 8 章
　「「だ」が使われるとき」『一橋大学留学生センター紀要』第 4 号 2001
第 9 章
　2 節
　　「名詞の形容詞的ふるまい―名詞述語文についての一考察―」『ソフトウェア文書のための日本語処理の研究―11』情報処理振興事業協会技術センター 1992
　3 節 1
　　「名詞から副詞，接続詞へ」『一橋大学国際教育センター紀要』第 4 号 2013
　4 節・5 節
　　「動詞・形容詞の名詞的ふるまい」『ソフトウェア文書のための日本語処理の研究―12』情報処理振興事業協会技術センター 1993
　6 節 3
　　「「小さな旅」と「小さい旅」」『言語文化』33 巻　一橋大学語学研究室 1996

〈著者紹介〉
三枝 令子（さえぐさ れいこ）
一橋大学大学院法学研究科・教授．東京外国語大学大学院修士課程修了．一橋大学大学院言語社会研究科から博士(学術)の学位を取得．論著に「常用漢字表の改定が持つ意味」『言語文化』一橋大学語学研究室 2012,「介護福祉士国家試験の日本語─外国人介護従事者にとってのことばの問題─」『介護福祉学』Vol. 19-1. 日本介護福祉学会 2012等．

語形から意味へ―機能中心主義へのアンチテーゼ―

初版第 1 刷 ──── 2015 年 3 月 1 日

著　者 ──────三枝令子
発行所 ──────㈱くろしお出版
　　　　　〒113-0033　東京都文京区本郷3-21-10
　　　　　［電話］03-5684-3389　［WEB］www. 9640. jp

印刷・製本　藤原印刷

©SAEGUSA Reiko, 2015　Printed in Japan
ISBN978-4-87424-656-6　C3081
乱丁・落丁はお取りかえいたします．本書の無断転載・複製を禁じます．